저출산 초고령사회

한국이민정책론

석동현 | 김도균 | 김원숙 | 우영옥

박영사

近者悅, 遠者來[1]

전 세계 유일한 분단국가이며, 지구촌의 관심과 사랑을 한껏 받는 대한민국호를 향후 5년 동안 이끌 제20대 대통령이 선출되었다. 최고 정책 결정자와 새 정부 출범 인사들에게 축하와 더불어 국민이 안전하고 행복한 삶을 영위할 수 있는 길라잡이가 되어 주길 바란다.

현실을 돌아보면 최고 정책결정자와 새정부 내각은 숨 돌릴 틈도 없이 전 정부의 온갖 난제들과 공약의 접목 및 새로운 정책 수립 등 과중한 업무가 줄줄이 기다리고 있을 것이다. 그중 대통령과 정부가 국민과 사회구성원들 앞에서 직접 거론하고 해결할 문제였지만 공론화조차 하지 못한 중요하고도 어려운 정책이 있다.

바로! 인구절벽과 이민정책에 관한 이야기다.

이제 새 행정부는 조금 늦은 감은 있지만 바로 지금이 그때라는 시대적 요구에 따라 정면으로 이민과 인구정책을 다루어야 개방의 역사와 통합의 전통을 다음 세대에게 연결해 국제적 감각을 키워줄 수 있으며, 향후 5년 뒤 윤석열 행정부의 성공적인 국무수행의 평가에 주요한 지표가될 것이다.

1986년 아시안게임으로 문호를 개방하여, 1988년 서울올림픽을 기점으로 21세기 새로운 기운으로 도약하던 대한민국은 대위기를 맞이하고 있다. 그것은 바로 대한민국이 소멸하고 있다는 것이다. 국가가 존립하기 위한 3대 구성요소 즉, 영토, 국민, 주권 중 가장 핵심적인 국민이 줄어들고 있다. 아무리 경제적으로 부강하고 군사적으로 강력한 나라라도 국민이 사라지면서 국운을 유지하는 나라는 없다. 2500년 전 춘추전국시대에 초나라 제후도 공자에게 인구가 줄어들어 국력이 약해지는데 어떤 방법이 없겠냐고 물어볼 정도로 국민의 수는 국가 존립과 국정운영에 절대적인 존재다.

우리는 과거 '남녀 구별 말고 둘만 낳아 잘 기르자. 하나만 나아도 삼천리는 초만원'이라며 산아제한 정책을 장려하던 시절이 있었다. 그 후 도시와 농촌 곳곳에서 아기 울음소리가 멈추고, 학령 인구의 감소가 지방의 인구감소로 점점 전이되었으며, 마침내 '벚꽃 피는 순서대로 대학이 문을 닫는다.'란 말이 생겨날 정도이다.

연간 40조에 이르는 천문학적 예산을 쏟아부어도 출산율은 오를 가망 없이 더 떨어지고, 한 해 100만 명이 태어나던 나라가 30만 명도 넘지 못하는 지경에 이르렀다. 출산 가능 여성 1명이 평생 낳을 것으로 예측되는 평균 출생아 수인 합계출산율이 지난해 0.81명을 기록했다. 2019년 OECD 38개 회원국의 평균이 1.61명인데 그 절반에도 못 미치는 꼴찌 수준이다. 이런 추세라면 올해는 0.7명도 어렵고, 인구절벽을 넘어 인구폭망이라고 할 만하다. 아마도 200년 후에는 대한민국이 지구상에서 소멸한다는 우려가 과장이 아닐 수도 있다.

여기서 하나 더 의료기술과 의약의 발달은 고령화 속도뿐만 아니라 고령 인구증가에 가속도를 붙이고 있다. 우리나라는 불과 3년 후인 2025년에 전체 인구 중 65세 이상 노령인구가 차지하는 비중이 20%를 초과하는 인구초고령화사회로 진입한다. 부산의 경우 지난해 이미 인구

초고령화사회로 진입하는 등 고령화의 속도 또한 전 세계 최고 수준이다. 그 와중에 엎친 데 덮친 격으로 수도권의 인구 집중은 지역의 시군구 소멸로까지 이어지고 있다. 아기 울음소리가 멈춘 각 자치단체에서는 출산장려 정책으로 '아기를 낳으면 몇천만 원에서 일억 원까지도 지원한다.'란 시책을 내놓아도 백약이 무효하다.

이웃 나라 일본이 잃어버린 30년으로 장기 불황을 겪고 있는 이유는 생산가능인구 감소 즉, 고령의 노인노동력을 활용하는 나라로 전락한 것이 가장 큰 원인이다. 그런데 우리나라가 그 길을 그대로 답습해 가고 있는 형국이다. 인구감소도 문제이지만 인구 구성의 불균형은 더욱 심각한 문제다. 대표적인 것으로 연금 고갈문제를 들 수 있다. 이는 출산율 저하와 생산가능인구의 급감으로 노인부양 비중이 높아지면서 생기는 심각한 문제. 인생 100세 시대에 국가가 부담해야 하는 고령 인구의 의료와 요양 부담이 모두 미래세대에 전가될 수밖에 없는 악순환의 연속이고, 노인환자는 인간의 존엄성조차 보장받지 못하는 열악한 수준의 요양 시설 돌봄서비스에 의존할 수밖에 없는 현실이 이미 시작되었다.

자! 우리는 신생아, 노인, 생산가능인구, 청년 이런 단어에서 인구절벽, 지방소멸이라는 말로 대한민국의 암울한 미래를 내다보고 있다.

새롭게 시작하는 윤석열 행정부는 이제라도 전문가와 머리를 맞대고 시대적 요구사항을 경청하여 효과적인 정책을 세워야 한다. 곳곳에서 아기의 울음과 웃음이 가득하고, 공동육아 천국이 될 수 있도록 하여야 한다. 이렇게 안정적인 출산환경을 조성하여 결혼율이 증가하여도 태어난 아이가 성년이 되려면 20여 년이 걸려야 하고, 그제서야 생산가능인구의 불균형해소가 가능할 수 있다. 그렇다면 우리는 그때까지 기다리고 세월만 낚을 것인가. 급변하고 돌발적인 국제사회는 기다려주지 않는다. 국가는 경쟁력과 지속 가능한 발전을 위해 인적자원인 생산가능 인구를 확보하여야 한다. 또한, 인구 불균형을 조절하고, 지방의 꺼져 가는 불씨를 살릴 수 있는 적절한 해결 방법을 찾아야 한다.

그 방법이 바로 이민정책임을 우리는 잘 알고 있다. 그동안 정부와 정치권은 그것을 눈앞에 두고 못 보는 건지, 모르는 척하는 건지 적극적인 태도는커녕 공론화조차 회피하는 자세이다. 이제는 더 지체하면 안 된다. 외국의 전문지식과 기술을 보유한 우수 인재를 골라서 영입하거나 산업현장에 필요한 인력을 양성하여 적재적소에 배치하여야 한다. 국민과 이민자의 사회적 갈등이 발생하지 않도록 하고 차별의 사각지대를 발굴하여 가장 한국적인 사회환경을 조성할 수 있는 최적의 사회통합정책이 바로 이민정책임을 새 행정부와 정책집행자들은 인정하고 적극적으로 대응하여야 한다.

'이민정책' 국가는 어떻게 받아들여야 할 것인가

미국이나 캐나다, 호주처럼 이민으로 형성된 국가는 이민정책이 국가 존립의 근본적인 정책이고, 2차대전 후 독일, 프랑스, 영국 등 유럽의 주요 국가들도 이민을 국가급 어젠다로 삼고 있으며 이민정책의 성패로 정권이 바뀌는 현실이다. 미국의 트럼프는 이민정책 강화를 내세워 대통령이 되었고, 또 그 때문에 대통령에서 물러났다. 영국의 유럽연합 탈퇴인 브렉시트와 난민수용 여부로 극심한 대립에 시달리고 있는 유럽의 난민사태도 이민정책이 국가 지도자를 바꾼 대표적 사례이다. 우리나라도 2018년 제주 예멘 난민사태로 극심한 찬반 논쟁을 겪기는 했지만, 일회성 논란으로 지나갔다. 평소 이민에 대해 부정적 내지는 소극적이었던 일본이 의회의 반대를 감수하면서도 공식적으로 이민을 받기로 했고, 2019년 4월 법무성으로부터 입국관리국을 출입국재류관리청으로 조직을 승격하였다. 13억 5천만 명에 이르는 인구 대국인 중국조차도 한 자녀만 허용한 산아제한 정책을 폐기하고, 이민정책을 국가의 주요 사무로 인정하여 정부조직으로 국가이민국을 설치했다.

우리나라는 단일민족이라는 프레임으로 국력을 결집하여 국가 발전의 동력으로 삼던 시절이 있었다. 전쟁으로 폐허가 된 나라에서 단일민족이란 프레임을 내세워 국민의 단합을 이끌었고, 단합된 마음이 신흥경제 강국으로, 세계 10대 경제 대국이라는 눈부신 경제발전을 이룩하였다. 반면 다름과 틀림의 차이를 받아들이지 못하여 소수자와 외국인에 대한 혐오와 차별이라는 부작용도 생겼음을 부인할 수 없다. 한반도는 지정학적으로 대륙과 해양세력이 만나는 곳으로 대외교역과 이방인과의 교류는 필연적이다. 삼국시대의 국가 성립과 처용으로 대표되는 외국인의 역할, 코리아를 전 세계에 알린 고려, 이슬람문화까지 포용한 조선의 역사를 보아도 한반도는 개방과 통(通)의 시기에 흥했고 쇄국과 봉(封)의 시기에 망했던 역사를 우리는 기억해야 한다. 역사는 과거와의 대화를 통해 변화하는 세상에서 미래를 준비하는 공부이기 때문이다.

21세기 대한민국은 유엔이 공식으로 인정하는 선진국 대열에 진입하였고, 코로나 -19위기에도 불구하고 수출을 기반으로 10대 경제 대국으로 세계의 중심에 있다. 문화적으로도 BTS와 오징어 게임 등 전 세계에 한류를 전파하는 나라가 되었다. 세계사에서 그 유래를 찾아보기 힘든 민주주의와 경제발전을 동시에 이루고 문화가 번창하는 나라이다. 그러나 지금은 인구절벽이라는 위기와 외국인에 대한 이중적 잣대 그리고 재외동포의 출신국에 대한 차별이 점점 깊어지면서 소모성 사회적 갈등은 사회통합의 또 다른 위기 요소로 대두되었다. 이러한 위기상황은 정부가 변화되는 지금의 시점에서 한국의 총량적 국부 증대를 위한 이민정책과 국민과 이민자가 공존하는 사회통합정책이 그 어느 때보다 중요하다.

따라서, 국가는 이민정책을 인구정책의 기반이 되는 정책으로 보고,

경제노동정책이며, 창의적인 문화교류정책으로 지구촌 그 어느 나라의 국민이었어도 대한민국의 인적자원으로서 역할과 능력을 발휘할 수 있는 국가통합정책으로 보아야 한다. 이처럼 이민정책은 이제 대한민국의 다양한 현안과 떼려야 뗄 수 없는 화두가 되었다. 한국형 이민정책을 바로 알지 못하면 우리의 미래를, 사회구성원 확보를 위한 인구정책을 담보하기 어렵다. 이 책은 이런 배경에서 이민정책을 바로 알기 위한 노력의 연결고리로 쓰인 것이다.

이 책은 대한민국의 20대 대통령으로 당선된 최고 정책결정자와 새 정부 출범을 준비하는 인수위원들이 한국형 이민정책에 관한 인식개선을 위해 필독하여야 할 내용을 다루었다. 그동안 학계나 언론에서 제기되고 토론한 주제들과 지난 정부에서 추진했던 내용을 망라해서 일반인들도 이해하기 쉽도록 전문가 대담형식으로 풀어서 정리했다. 인구·이민정책부터 산업 인적자원정책, 국경관리, 동포정책, 통일·이민정책에 이르기까지 학계와 정책의 현장 및 정치 일선에서 활동한 네 사람의 경험과 철학을 담고자 했다. 책은 총 3장으로 구성되어 있다. 제1장은 우리는 역사적으로 다민족, 이민 국가란 주제로 건국이념인 홍익인간을 바탕으로 역사 속 우리의 다문화적 요소를 찾아봄으로써 이민과 이민정책에 대한 이해를 돕고자 했다. 제2장은 대한민국 이민정책의 현주소란 대주제 아래 제1절 인구와 이민정책에서는 급변하는 인구절벽 시대 외국인의 출입국과 체류 현실을, 제2절 격랑과 혼돈의 이민정책과 제3절 대응과 공존의 이민정책에서는 지난 정부의 이민정책에서 좌충우돌했던 다양한 사례와 국민이 외국인에 대한 이해와 배려를 어떻게 해결하는지, 이민정책에 대한 인식이 어떻게 변화하고 있으며 한국형 이민정책을 어떻게 찾아가고 있는지를 전) 법무부 출입국·외국인정책본부장 석동현 변호사, 현) 제주한라대학교 김도균 교수, 현) 이민역사교실 김원숙 대표, 현) 한성대 이민·다문화트랙, 성결대 행정학과 우영옥 객원교수와의 대담형식으로 풀어내었다. 제3장은 이민 강국으로 가기 위한 구체적인 정책제언으로 3대 실천전략을 제시했다. 제1절은 한국형 이민정책의 전담조직 설립, 제2절은 이민 사회통합 운용기금 설치, 제3절은 사회통합정책 활성화 등 세 가지 제언이다. 이를 통해 한국 이민정책의 문제점을 재확인하고 개선과제를 바탕으로 이민·인구정책의 방향을 제시하였다.

이 한 권의 책으로 급변하는 국제사회와 한국의 이민정책을 완벽하게 이해할 수는 없을 것이다. 그러나, 이민이 무엇인지, 이민자·외국인·동포 등 국내 체류자에 대한 개방적 시각으로 이민정책을 이해할 수 있고, 이민정책을 알고, 정책개발을 위한 지혜를 모으는 데 도움이 될 수 있다면 그 이상 바랄 게 없다.

끝으로 이 책은 정책부서 담당자부터 책임자뿐만 아니라 이민정책에 관심이 있는 일반인이나 관련 분야 학자 등 전문가들까지 이민정책을 공부하는 데 좋은 길잡이가 될 것으로 본다. 필자들은 세계중심의 대한민국이 처한 사회 현실을 알고 이민정책의 현재와 미래를 전망하기 위해 노력했다. 이 책은 바로 이런 노력의 결과이다. 윤석열 행정부가 한국형 이민정책을 바탕으로 세계이민의 개방과 통합의 강국으로 가는 새로운 미래를 준비하고 계획하는 계기가 될 수 있기를 바란다.

미래 대한민국호에 신의 가호가 있기를!

2022년 4월
공동저자 대표 석동현

|차례|

제3절 대응과 공존의 이민정책

일러두기

1   이 책은 우리나라의 다민족 요소를 역사 속에서 찾아보고 한국의 이민에
대한 인식을 개선하고자 학계 및 언론 등에서 일반적으로 자주 쓰이는 용
어로 표기하였다.

    예) 이민자, 외국인, 결혼이민자, 난민 등이며, 특히, 외국인정책, 이민정책 등은 집
    필한 필자의 의도에 따라 혼용하여 사용하였다. 일반독자들의 용어와 내용 이해
    를 돕고자 미주를 달았다.

2   이 책에서 다루는 내용은 한국의 이민현장에서 관심의 중심이 되었던 내
용과 그에 따른 정책집행에 관한 법, 제도 등을 설명하였다.

3   이 책은 2021년 "한국 이민정책의 문제점과 개선과제: 국내적 정책과정과
국내·국제 연계정치 반영"을 토대로 한국사회의 이민 현실을 짚어보고
진단하여 미래 한국이민정책의 방향과 실천전략을 제시하고자 한다.

제1장

이민정책을 논하는 이유와 배경

우리는 아직도 이민자 또는 외국인이라고 하면 '한국에 왜 왔지?'라는 부정적이거나 경계하는 반응을 보인다. 외국인이 한국에 오면 자신의 일자리를 빼앗기거나 임금경쟁에 따른 역차별 등으로 불편한 내색을 한다. 반면에 중소 영세업자들은 낮은 임금으로 고용할 수 있는 인력이 필요하며, 그에 적합한 인력인 외국인노동자를 선택·고용할 수밖에 없다. 이러한 산업현장 특히, 3D산업의 인력난에 대해 사람들은 공감하면서도 정작 일자리 잠식이라는 측면에서 여전히 불만을 표시한다. 산업현장의 고충에 대해 직·간접적으로 영향을 미칠 수 있는 정치인 등 사회지도층 인사들은 국민의 표심과 따가운 눈초리에 이중적 태도를 보인다.

국내 체류 외국인들은 우리 사회에 어떠한 위치에 자리하고 있는가?, 한국 사회, 우리의 이웃인 외국인 주민과 함께 살아가기 위한 이민정책을 이제는 이야기해도 되지 않을까?, 그저 국제이주, 이민정책 관련 학자, 담당 공무원, 유관 기관종사자, 사업가와 교육자 등 밀접한 관련성이 있는 그들만이 외치는 메아리만 되어야 하는가?

아니다! 그동안 이민정책에 대한 다양한 논의와 제언을 이제는 새로운 정부가 혁신적이며, 실용적인 정책으로 실천해야 하는 시점이다. 앞으로 우리는 국가경쟁력 제고를 위한 초국적 우수 인재확보뿐만 아니라 이민정책을 전략적으로 활용하는 이민의 개방 강국이 되어야 한다. 우리 역사는 개방의 시대에 국운이 융성하고 문화가 꽃피는 부민강국(富民强國)의 시대였다는 것을 입증하고 있다.

1. 우리도 역사적으로 다민족·이민국가였다

올바른 역사 공부는 미래를 준비하는 초석이 된다. 우리는 백의민족, 단일민족이란 공동체 인식 속에서 살아왔다. 그러나 우리가 몰랐던 역사를 돌아보면 생각이 달라질 것이다.

유구한 역사 속에서 우리는 동일언어를 사용하였고, 문화와 혈통을 중시하는 민족으로서 그 어떤 민족에게도 동화되지 않고 정체성을 유지해 왔다. 민족적 자긍심과 공동체를 강조하는 단일민족 인식이 오늘날 전 세계에 한류 붐을 일으키고 선진국으로 발전하게 된 긍정적인 역할을 해온 것은 부인할 수는 없다.

지정학적으로나 인류학적으로 우리는 과연 단일민족이었을까? 역사 속에서의 이민과 다문화적 요소를 찾아보면 우리는 이민·개방국가였다.[2]

다문화적 요소를 살펴보기에 앞서 민족이란 개념은 근대 자본주의 발전과정에서 생겨난 것으로 역사적 산물이라고도 하고, 학자들은 유럽

왕조의 독재주의에 대한 반발로 시작되었다는 주장을 한다. 하지만 민족은 18세기 후반의 역사주의(historicism)에 기반하며, 사회마다 다른 특성을 인식하고 이를 민족이라는 공동체 개념과 결부시켜 차별성을 인정하지 않으면서 종족, 언어, 종교적 동일성을 강조하였다. 이렇듯 민족이란 개념이 언어·문화공동체에 대해 객관적으로 규정한 것인지, 아니면 단합을 목적으로 형성된 공동체에 관한 이념적 개념인지에 대한 논쟁은 계속되고 있다. 민족은 한 집단이 공유한 언어, 사회, 문화적 특수성과 역사적 기억을 강조하여 타민족에 대한 무시 혹은 적대감으로 나타날 수도 있다. 우리가 늘 사용하는 한민족이라는 일반적인 관념은 한국인의 정체성을 고집하는 용어라고 판단된다. 그러므로 한민족화가 되었다는 표현이 적절하다고 본다.

시대 상황과 인구이동의 경로를 살펴보면, 우리와 다름 즉, 이질적인 것을 배척하기보다는 선택적 배제와 흡수를 바탕으로 우리나라는 이민·개방국가로 성장해 왔음을 확인할 수 있다.

한국인의 원류는 북방 유목민이었다는 설이 있다. 유목민 특성상 역사적 기록은 없지만, 중국보다 오래되었으며, 중국 한무제(B.C.156~57)가 조공을 바치면서 평화를 유지하였다고 한다. 한국인의 조상들은 대부분 북방에서 한반도로 이주하였으며, 만주지방에서 한반도로 향한 이주는 역사시대 이후에도 계속해서 이루어졌다. 오늘날의 한국인은 만주와 북중국, 몽골 등에서 사는 몽골계의 민족과 체격 등 외관상 많이 닮았으며, 키가 좀 더 크고 광대뼈가 튀어나왔다. 언어 역시 북아시아의 우랄·알타이어와 유사하며, 지석묘를 비롯한 특유의 돌무덤이 발견되는 것으로 보아 북방 유목민이 남쪽으로 이주하면서 다양한 인종과 융합되었을 것으로 추측된다.

시대별 약사를 통해 다문화적 요소를 살펴보면 다음과 같다. 고조선은 신화가 생성되어 구전되다 문자로 정착되었으며, 사람들의 집단적인 경험과 의식이 반영된 시대상을 볼 수 있다. 한민족의 건국신화는 북방계 유목민의 천손신화와 남방계 농경민의 난생신화가 공존한다. 이는 우리가 인식하고 있는 단일민족, 한민족이 북방계와 남방계가 융합되어 형성된 것을 의미한다. 특히, 건국신화에서 곰과 호랑이의 등장은 각각의 집단을 의미한다고 볼 수 있으며, 곰의 집단이 우세하여 환웅과 혼인하고 단군을 낳았다는 것이다. 하늘에서 내려왔다는 환웅은 어떠한 종족의 이동으로 앞선 문화를 가진 선진이주세력으로 볼 수 있으며, 곰의 집단은 토착세력으로 볼 수 있다. 두 세력의 연합이 고조선을 탄생시켰다는 의미로 해석할 수 있다.

가야는 「삼국유사」의 가락국기에 나오는 김수로의 이야기 속에서 찾아볼 수 있다. 김수로는 김해 김씨의 시조로 인도 아유타국의 공주인 허황옥을 왕비로 맞이하였고, 이들의 후손은 오늘날 김해 김씨, 김해 허씨다. 수로왕릉의 정문에 쌍어문(雙魚紋)이 그려져 있고 보주태후라는 허황옥의 칭호는 보주 토착민의 이주를 알 수 있으며, 한국어의 어휘에서도 고대 인도 문화의 어휘와의 유사성을 보인다. 이를 뒷받침하듯 허황후의 후손으로 추정되는 김해 예안리 고분군에서 왕족 유골 4구 중 백인종의 DNA 특징이 나타났다고 한다. 이로써 가야에 정착한 선주민 중 일부는 인도계로 가야는 북방계와 남방계가 공존하는 민족성을 띠고 있다고 볼 수 있다. 오늘날 우리나라에 가장 많은 성씨인 김해 김씨는 모두 결혼이민자 다문화가정의 후손인 셈이다.

신라는 「삼국사기」에서 다문화 요소를 살펴볼 수 있다. 초창기 왕권이 강화되지 못한 채 박, 석, 김 등 세 성씨가 돌아가면서 왕을 하였으며, 양부, 사량부, 모량부, 본피부, 습비부, 한지부 등의 6부3가 경주를 중심으로 여섯 개의 행정구역으로 나뉘어 성씨를 받았다. 알에서 태어난 박

혁거세와 석탈해 난생신화는 모두 남방계인 것을 알 수 있다. 특히, 전염병을 막는 상징으로 설화에 나오는 처용에 관한 이야기는 잘 알려져 있다. 처용은 서역인 즉, 우람한 체격, 높은 코, 파마한 듯한 턱수염 등 아랍인의 모습과 가깝고, 그 당시 성골·진골 다음인 6두품의 관직을 받은 외국인이다. 신라가 3국을 일통(一統)한 배경에는 개방을 통해 우수 인재를 적극적으로 영입하고 국제정세에 입각한 당과의 실리외교가 바탕이 되었음은 주지의 사실이다.

백제의 경우 음식과 옷 등이 고구려와 비슷하고, 선조는 부여라는 내용이 위서(魏書)에 기록되었다. 중국의 문헌인 송서(宋書), 남제서(南齊書), 양서(梁書), 통전(通典), 자치통감(資治通鑑) 등에 따르면 북방의 기마문화와 농경문화가 결합되어 형성된 사회이며, 「삼국지」 동이전(東夷傳) 진한조(辰韓條)와 변진조(弁辰條)에는 고구려와 백제, 가야와 신라 간의 언어가 처음에는 서로 잘 안 통했고, 양서(梁書) 제이전(諸夷傳) 신라조에서는 백제와 신라의 언어가 삼국시대 말기가 되어서야 통했다는 기록이 있다. 고구려와 백제에서 왕이 아닌 신하들의 성씨를 보면 우리가 쓰는 성과는 다르며, 신라가 삼국을 통일하면서 신라계통의 성씨로 바꾸었으며, 오늘날 거의 찾아볼 수 없다. 이는 고구려와 백제인이 신라인과 융합되었다고 볼 수 있다. 백제인들은 일본과 주변국에 적극적으로 진출하여 문화를 전파하였으므로 이민족과 활발한 교류를 국가 운영의 한 축으로 삼았다.

고구려는 「삼국지」 동이전(東夷傳) 고구려조에는 고구려의 또 다른 이름은 맥이란 기록이 있으며, 만주의 중부에 터전을 잡은 예맥족이 한민족의 근간이 되었다고 한다. 만주족은 한국인과 같이 흰색을 좋아하고, 유목 민족에게서 나타나는 형사취수 또는 취수혼4 등은 고구려, 부여에서도 나타난다고 한다. 고구려는 지리적 특성에 따라 북방계 유목민을 피지배층으로 활용하기도 하여 종족 간의 동화가 이루어졌다. 고구려 초기 유리왕이 지은 황조가는 신구세력의 갈등과 왕실의 국제결혼을 잘 대변하고 있다.

고려는 귀화제도를 활용하여 인재, 국사 등 인적자원을 확보하는 등 적극적인 귀화인 수용정책을 폈다. 고려는 오는 자는 거절하지 않는다는 내자불거를 원칙으로 튼튼한 국력과 문화적 자신감을 바탕으로 귀화인에게 포용과 우대의 선정을 베풀었다. 중국 후주의 쌍기 등 우수인재를 선발하여 관직에 등용시켰으며 귀화인으로부터 고려는 역동적인 다문화사회로 변화되었다. 특히, 외국어 교육, 토목기술, 말총의관 기술, 의약 등 다양한 분야의 발전을 꾀하였다. 고려는 귀화인들에게 일괄적으로 주택과 전답, 미곡과 의복, 기물과 가축 등을 주어 안정적인 정주정책을 실행하였다. 이외에도 다수의 귀화성씨를 볼 수 있다. 화산 이씨와 정선 이씨의 경우는 베트남에서 와서 귀화한 성씨이다. 성씨는 혈족관계를 나타내기 위해 이름 앞에 붙이는 칭호로 향후 성씨가 발달하게 되었으며, 통계청(2015)에 따르면, 한국의 경우 외국인이 귀화한 성씨까지 합하면 5천 6백여 개가 있다. 성씨를 바탕으로 우리나라의 족보 또한 발달하였는데 그 시작은 고려 왕대종록으로 왕실계통을 기록한 것이다. 족보는 후손들에게 가문의 자긍심과 유대감을 강화하는 것이지 혈연만을 강조하면서 배타성을 갖는 것은 어리석은 일이다. 고려가 오늘날 코리아로 대표될 만큼 국제적인 활동을 한 배경에는 개방의 힘이 있었다.

조선은 주로 북방의 국경관리를 목적으로 여진족에 대한 포용과 결혼정책, 강제이주 및 정보습득, 교섭 등 유사시 적절히 대응할 수 있는 비책으로 귀화인 우대정책을 활용하였다. 여진족은 대부분 김씨성이 하사되었다. 특히, 여진족의 이지란은 공민왕 때 귀화를 했으며, 조선 건국과정에서 이성계를 도운 공로로 사성정책(賜姓政策)에 따라 본관 청해와 이씨 성을 하사받아 청해 이씨의 시조가 되었다. 잘 알려지지는 않았지만 조선초기 대중국 외교 등 새 왕조 건설에 핵심적인 역할을 한 이가 고려말 귀화한 위구르족 출신의 설장수, 미수 형제로 오늘날 경주 설씨의 시조이다. 특히, 조선 건국 초기인 1402년에는 국가급 프로젝트로 비밀리에 세계지도가 제작되었는데, 그 정확하고 아름다움에 지금의 서양 지리·역사학자들이 경악을 금치 못한다. 바로 '강리도'이다. 이후 400여 년이 지나고 '대동여지도'라는 뛰어난 지도가 탄생했지만, 건국 초기의 유럽과 아프리카에까지 미친 시선은 조선으로 한정되어버렸다. 이후 조선은 쇄국정책으로 문을 걸어 잠그면서 망국의 길로 들어섰다. 이렇듯 역사 속에서 본 우리나라의 다문화적 요소는 시대적으로 매우 다양하고 많은데 모두 다루지 못한 아쉬움은 독자들의 몫으로 남긴다.

따라서, 한반도의 역사는 지정학적 위치로나 혈연관계 등 인류학적 관점으로 본다면 단일민족보다는 혼혈민족에 가깝고 부단히 외세나 이방인과 어울리면서 살아온 개방과 통합의 역사다. 이제 21세기 대한민국이 그 전통과 흐름을 이어받아야 한다.

2. 왜 지금, 이민정책이 중요한가

이민정책은 국경을 넘어 자국의 인구를 내보내는 정책과 외국의 인구를 받아들이는 정책으로 구분할 수 있다. 이민정책은 각 나라의 산업별 노동시장 상황에 따라 필요한 노동력, 국민의 국제사회에 대한 인식 등을 고려하여 결정한다. 이러한 결정은 세계 노동시장 및 국가 간의 경제 상황 등에 따라 영향을 받는다. 예를 들면, 노동인구 확보를 위해 이민자를 유치하는 정책을 실행하려 해도 자국의 노동시장과 국민의 일자리 등을 고려해야 한다. 또한, 국민의 이해나 외국인 이민자의 욕구에 충족되지 못하면 충원은 이루어지기 어렵다. 반면에 자국의 인구과잉으로 인해 송출정책을 추진하고자 해도 다른 국가에서 해당 국가의 인력을 받아들이지 않으려고 하면 적정인구정책을 맞추기 힘들 것이다. 그러므로 이민정책은 국가－사회－노동시장에 의해 형성된 제도적 여건에서 이민자와 그 가족의 선택으로 이루어지는 국제사회 현상이라고 할 수 있다. 양질의 이민정책 규모는 국가 간 발전의 차이와 개인 또는 가족의 자발적, 필연적 선택 및 사회·역사적 연결구조를 바탕으로 한 국가정책이다.

현재 이민정책은 인구정책, 노동정책의 대안으로 인식되고 있다. 이는 국내시장과 사회적 요구를 종합적으로 고려하여 국경을 넘어 이동하는 사람을 통제하는 행위로도 볼 수 있다. 통제로 인해 인간의 이주를 적극적으로 장려하거나 억제하거나 때로는 방임하기에 국가의 초국가적 인구의 질적 수준과 규모를 조절·관리할 수 있는 것이 이민정책의 특성으로 꼽을 수 있다.

우리나라 인구는 1980년대 3천8백만 명이었으나 2020년 5천2백만 명으로 정점을 찍고 점차 감소하여 2040년 5천만 명, 2070년에는 3천7백만 명으로 1980년대보다 적은 인구가 될 것으로 예측하고 있다. 통계청(2019)에 따르면, 지방 소도시는 서울·경기지역으로의 인구이동과 저출산으로 인한 인구감소가 두드러져 노인들만 사는 곳이 늘어나고 있는 현실이다. 또한, 2020년 2월부터 시작된 COVID-19로 인해 한국의 산업현장은 많은 인력난과 인구감소까지 더해지면서 지역소멸이 이미 시작되었다고 볼 수 있다.

출산율은 또 어떠한가. 한국은 1990년대 70만 명이 넘었던 출생아 수는 2020년 약 27만 명으로 급격히 감소했으며, 2070년에는 약 20만 명까지 급감하리라 전망된다. 사망자 수는 2000년대 이전에는 24만 명 내외 수준을 유지하다가 2010년부터 증가추세이며, 2020년 약 30만 명을 넘어 2070년엔 70만 명으로 2020년에 비해 2.6배로 증가할 것이다. 2020년을 기점으로 사망자가 출생자보다 많은 '인구 데드크로스(Dead Cross)' 시대에 돌입했다고 볼 수 있다. 이러한 추세로 보면 향후 2070년에는 노동인구인 생산가능인구가 46.1%로 감소하리라 예상된다.

정부는 생산가능인구 100명당 부양해야 할 유소년과 고령 인구가 2020년 38.7명에서 2070년 117명으로 급증할 것이라고 한다. 현재의 출생아 수가 계속 유지된다면 18년 후에는 대학입학 정원인 현재 48만 명 가운데 최소 20만 명의 감소로 대학교의 정원미달 사태뿐만 아니라 노동력을 제공해야 하는 산업인력난이 심각해질 것이다. 이미 한국 사회는 인구절벽 시대로 빠르게 변화되고 있음을 보여주는 충격적인 전망치라고 할 수 있다.

[우리나라의 출생아 수와 사망자 수의 증감]

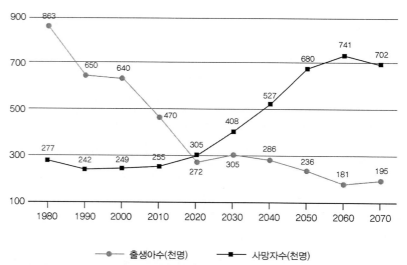

자료 : 통계청(2019), 「장래인구특별추계: 2017~2067년」

국가의 경제성장을 지속하고 국제경쟁력을 유지하는 방법 중 가장 중요한 것이 인구다. 즉, 국가의 존립을 위해서 안정적인 인구수의 유지와 지역별 균형적인 산업발전에 기여할 수 있는 생산가능인구의 확보다. 저출산·고령사회의 문제가 갈수록 심각해지는 지금 인적자원의 확보를 위해 정부는 출산장려정책 등 끊임없이 고민하고 노력한 반면에 인구증가 및 산업별 생산가능인구의 확보에 있어서 정책적 효과는 크지 않았음을 알 수 있다. 인구의 급감과 생산 가능 인력확보의 어려운 점은 저출산·고령사회로의 너무 빠른 전환에 있다. 그렇다면 이러한 인구문제를 완화할 수 있는 정책 또는 대안은 없는가?

오늘날 인구변화에 영향을 미치는 주요 요인은 출산율, 사망률 그리고, 외부로부터 유입되는 인구 즉, 이민을 들 수 있다. 사망률은 정책적으로 통제할 수 없다는 점을 고려한다면 출산율을 높이는 정책과 이민자 유입정책은 적용 가능한 인구정책이라고 할 수 있다. 하지만 출산율 정책은 정부의 다양한 지원을 통해 쉽게 증가시킬 수 없다는 것을, 우리는 이미 경험적으로 학습하였다. 결국, 지금의 상황에서 인구문제를 종합적으로 대체가능 한 것이 바로, 이민자를 받아들이는 이입(移入) 즉, 이민수용 정책이다.

이민자를 받아들이는 이민수용 정책은 저출산·고령화로 인한 생산가능인구의 절대적 감소, 고학력으로 인한 노동력 수급의 미스매치 문제도 해결할 수 있다. 현재 산업현장에서 구인의 어려운 문제점을 해결하기 위한 하나의 정책으로써 활용되고 있기에 더욱 적극적으로 추진돼야 하는 이유라 하겠다.

이를 위해선 이민자 이입, 체류 외국인에 대한 인권과 수용성 제고가 전제되어야 한다. 나아가 이들의 정착과 정부 각 부처에 산재해 있는 지원서비스를 통합하고 효율적으로 운용할 거버넌스(공공과 민간의 협력구조) 구성 등 추진체계의 재구조화가 요구된다.

또한, 이민자를 받아들이기에 앞서 우리나라의 적정 인구는 과연 어느 정도인지, 인구감소의 대안이 이민정책밖에는 없는 것인지 등은 매우 중요하다. 이는 국민의 공감대 형성에 많은 영향을 미친다고 본다. 이에 대해 학자들은 다양한 시각에서 사회적 논의와 필요성에 대한 연구결과를 내놓고 있다. 그렇지만 이민수용 문제는 근시안적인 해결책보다는 우리나라의 특성에 적합한 이민정책의 숲이 될 수 있도록 산업별, 업종별 필요인력 규모를 산출하여야 한다. 이를 위해 관련 정보의 DB를 구축하여 정책의 효과성을 높일 수 있는 체계적인 정보운영시스템을 활용하는 미래지향적인 한국형 인구정책을 모색하기에 이민정책은 필요충분조건이라고 할 수 있다.

한국은 이미 고령화 사회를 넘어 초고령사회 진입을 목전에 두고 있기에 이민자 수용은 누구를, 어느 나라에서, 얼마나, 왜 수용해야 할 것인가에 대한 정치적 분석과 정책개발이 요구된다. 인구감소와 국가 잠재성장률에 긍정적인 영향을 미칠 수 있는 이민정책을 실천하려면 어떠한 접근이 필요할까?

한국으로 들어올 이민자와 국민이 함께 살아가기 위한 사회통합정책의 개발과 지원이 종합적인 국가정책으로 우선 전제되어야 한다. 사회통합정책은 인권 보호, 차별적 인식개선을 위한 법적 지위를 보장하며, 국민과 상호적응을 위한 교육의 방향성을 지닌다. 이는 우리의 건국이념 즉, 헌법 전문에 명시된 '인류공영 = 홍익인간' 사상이라던가, 유네스코의 '문화 다양성은 문화적 차이에 기인하는 갈등을 넘어 인류의 풍요로운 자산으로서 공유되고 향유되어야 한다.'는 인식에서 비롯된다. 이를 위해 유아기부터 성인까지 상호존중의 문화가 형성될 수 있도록 사회환경이 조성되어야 한다. 이와 함께 시민교육의 일환인 '세계 문화 다양성 교육'을 유기적인 사회 흐름을 반영한 교육으로 이루어져야 한다. 또한, 지역별 특성을 고려한 전문가 양성 및 적합한 프로그램이 개발되어야 한다. 아울러, 중앙정부는 국가의 종합적인 이민정책을 기획하고, 지방자치단체가 중심이 되어 실천이 이루어진다면 효율적인 이민정책을 활용할 수 있다.

지방자치단체는 중앙정부보다 더욱더 중요하고 밀착형 서비스를 제공하기에 매우 적합하다. 과거 우리나라는 외국으로 인력을 수출(이민 송출국)하던 나라에서 1990년 산업연수생제도를 도입하면서 외국인노동자를 받아들였고, 농촌 총각 장가보내기 등 지역특화사업을 통해 입국한 결혼이민자가 늘어나면서 점차 이민자 시대로 접어들었다.

2000년대 급격하게 증가하는 이민자들에 관한 문화 다양성에 대한 이해와 소통은 국민과 이민자 간의 공존공영을 바탕으로 국가 발전을 이루기 위한 사회통합이라는 정책에 있어서 매우 중요한 흐름이다. 그러나 한국으로 들어오는 이민자에 대한 규모와 질은 실증적 증거에 기반해야 한다.

들어올 이민자 인원을 추정하기 위해 각 부처는 기초 자료를 통합하고, 분석하여 정확한 추정치를 확보할 수 있어야 한다. 그러기 위해서는 인구와 이민수용관련 DB를 구축할 수 있도록 전문기관 즉, 이민정보원과 같은 기구설치와 이를 운영할 전문가 양성 및 지원이 필요하다. 조직의 전문성은 이민자의 질과 규모 및 국가 인재 유치를 전략적으로 기획할 수 있으므로 중앙정부와 지방정부의 상호보완적인 관계 속에서 진행되는 이민정책에 있어 매우 효과적이다.

3. 세계는 이미 인재유치 전쟁 중

한국은 저출산·고령사회의 위기로부터 생산가능인구의 감소에 따라 표면적으로는 우수 인재 유치를 내세운다. 국내 체류 외국인은 250만 명(사실 이 수는 관광객 등 단기 체류 외국인을 포함한 것으로 등록외국인 기준으로는 200만 명 수준이다.)으로 국민의 약 3.1%이며, GDP(국내총생산: 2021년 190조 원 기준)로 환산했을 때 약 90조 원에 달한다.

전 세계는 인구감소에 따라 인재유치정책이 치열하다 못해 전쟁과 같다. 한국은 아직 경제 강국을 이루기 위한 글로벌 인재확보나 활용도면에서 걸음마 단계 내지 점차 향상되어 가고 있는 초보적인 단계라고 할 수 있다. 우리는 일반적으로 인재유치전략을 생각할 때 미국의 실리콘밸리를 가장 성공적인 모델로 꼽는다. 실리콘밸리는 경제성장의 핵심 지역으로 첨단 정보통신, 전자, IT, BT 등 벤처기업이 모여있는 곳으로 인종, 국적 등은 전혀 고려하지 않고 누구든지 능력만 있으면 차별받지 않고, 일할 수 있도록 근무환경이 조성된 곳이다. 이러한 환경은 인재를 끌어들이는 힘을 가지게 되었으며, 인재를 끌어들이고 동화시킨다는 의미로 용광로(melting pot)와 같고, 인정과 존중이 공존하는 샐러드 볼(salad bowl)과 같다고 할 수 있다. 우리나라도 지역별로 실리콘밸리만큼은 아니지만 몇몇 곳이 형성되어 있다. 예를 들면, '판교 테크노밸리', '구미 수출공업단지', '대덕연구단지' 등 지역의 혁신도시에 일부 분야의 전문인재가 유입되고 있다.

글로벌 인재 유치 즉, 실리콘밸리는 전문 엔지니어와 벤처투자가 만여 명만 있으면 그 지역이 실리콘밸리가 된다고 하지만 이들 전문가를 정주시키기에는 요구하는 바가 상이하므로 쉽게 형성되기는 어렵다. 그러므로 실리콘밸리는 부자와 탐구 정신이 많은 연구자 모두가 좋아하는 특별한 도시를 만들어야 한다. 그러기 위해서는 다음과 같은 점을 고려해야 한다.

우수 인재 즉, 전문인력을 유치하기 위하여 체류 제도와 정착지원은 준비되어 있다고 말하나 선택은 그들이 하는 것이다. 과연 우리의 제도와 환경이 이들을 끌어들일 수 있는 정도인지는 스스로 반문해 보아야 한다. 자녀에 대한 교육환경이 완비되고 의료시설 이용에 불편이 없어야 하는데 이들을 위한 국제학교나 외국인 전문 병원에 관해 이야기하면 자신이 없을 것이다. 무엇보다도 외국인에 대한 이중적 시선과 배타적인 조직문화가 이들이 한국을 선택하는 데 가장 주저하는 요소다.

다시 말해, 우수 인재 유치에 가장 기본적이고 중요한 요소는 편리하고 다양한 인프라구축과 자녀의 수준 높은 교육환경 그리고 개방적이고, 자유롭고 격식 없는 문화조성이라 할 수 있다. 즉, 성별, 국적, 종교, 인종 등 서로 다름을 인정하고 존중하는 배려의 공간이어야 한다. 꼭 물리적인 공간뿐만 아니더라도 사이버공간에서도 충분히 우수 인재의 활용이 가능한 구조를 만드는 것도 고려해야 한다. 우리는 인재전쟁에 조금 늦었다고는 하지만 이미 우리나라의 우수한 기업, LG, 삼성, 현대, SK 등은 세계에서 높은 인지도를 바탕으로 우수 인재를 영입하여 활용되고 있다. 다만 준전문가, 숙련인력 등이 필요한 중소 및 강소기업의 지속적인 성장을 위해서는 선택적 인적자원의 유치가 필요하므로 적극적인 이민정책을 활용하는 것은 매우 중요하다.

인재 유치를 이야기하면 모두 우수 인재를 떠올린다. 하지만 우수 인재를 유치하여 기술력과 투자를 확보하고 그에 따른 국민들의 일자리를 늘리는 것에 반대하는 사람은 없지만, 산업현장의 기능 인력이나 농어촌 근로자라고 하면 달리 본다. 하지만 인재는 글로벌 수준의 우수 인재만 말하는 것이 아니고 인구와 산업구조의 변화에 따른 단순 노무인력이나 숙련인력도 인재라고 표현할 수 있다. 이를 필요인재라고 한다. 요양병원의 돌봄서비스 인력도 필요인력이자 필요인재로 접근해야 한다. 경우에 따라 인재 유치가 힘들다면 유학생 등 국내에서 육성하는 육성형 인재도 마찬가지다.

우리는 '늦었다고 할 때가 가장 빠르다.'란 속담을 알고 있다. 지금이 곧 골든타임(Golden Time)이므로 국가 차원에서 미래 한국의 우수 인재 유치 및 사회구성원 유입을 위한 이민정책을 일관성 있게 추진할 수 있는 통합이민조직에서 장기적인 계획하에 완성해간다면 충분히 전 세계인이 함께할 수 있는 글로벌 인재전쟁에서 우위를 차지할 수 있는 대한민국이 될 것이다.

제2장

대한민국
이민정책의 현주소

　건국 이후 외국인등록사무를 관장했던 1948년 11월 4일부터 우리나라의 출입국관리 및 이민정책의 시작되었다고 볼 수 있다. 1949년 11월에 출입국관리법인 외국인의 입국과 출국 등록에 관한 법률이 최초로 공포되었고, 1963년 3월 출입국관리법이 제정·공포되었다. 1986년 아시안게임, 1988년 서울올림픽대회 등 국내외 출입국이 자유로워짐에 따라 1990년대 이후 급증하는 외국인과 국제교류의 다양화 및 전문화의 요구로 인해 1992년 체류자격을 정비하였다. 1993년 난민제도를 도입하면서 마침내 1993년 출입국관리법을 개정하였고, 이민정책을 수립·집행할 수 있는 기반이 조성되었다.

　그러나 현재까지 이민정책은 정부의 공식적인 정책으로 채택되지 못할 뿐만 아니라 부처별로 추진되는 외국인정책, 다문화가족정책, 외국인력정책, 동포정책이란 옷을 입고 홍길동처럼 부르지 못하는 아버지 즉, 이민정책에 대한 공론화도 하지 못한 채 존재하는 것이 현실이다.

　또한, 부처별 정책에 있어 외국인, 외국인근로자, 동포, 결혼이민자, 유학생 등 지원사업이 실적 위주로 실행되어 유사중복성 및 예산의 낭비뿐만 아니라 국민과의 공존정책 및 외국인 자립 등 정책적 기조는 배제된 채 시혜적 사업만 추진되고 있다.

　본 장에서는 한국의 인구구조 변화추이와 체류외국인의 실태를 확인하고 언론이나 일반인들에게 이슈되었던 이민정책들과 우리 이웃으로 사는 이민자들의 삶과 체험을 전문가와 현장 활동가의 대담형식으로 풀어 보려고 한다. 이를 통해 우리나라의 출입국관리와 체류 외국인의 삶을 통해 실천하고 겪은 다양한 이민정책의 현주소를 파악하고자 한다.

인구문제와 이민정책

세계는 지금 뉴노멀 4차 산업의 시대 속으로 달려가고 있다. 하루가 다르게 변해가는 일상 속에서 대한민국은 생산가능인구의 감소, 지방소멸의 가시화 등 인구변화에 따른 부정적인 영향에 맞닥뜨려 세심한 인적자원 관리정책이 요구된다.

한국은 현재 인구감소로 인한 생산가능인구는 점점 감소하고 있는 반면에 체류 외국인은 코로나 −19 이후 증가할 것으로 예측할 수 있다. 이러한 현상은 동전의 양면과 같다. 이민정책은 인구정책이며, 대안정책이다. 현시점에서는 인구정책에 따라 개방형 이민정책을 적극적으로 모색하여 한국에 적합한 인적자원 활용정책을 추진해야 한다.

본 절에서는 가속화되고 있는 인구구조의 변화와 한국에 체류 중인 외국인의 실태를 파악하고 이민정책이 인구정책과 얼마나 깊은 관련성이 있는지 확인하고자 한다.

1. 인구구조 변화의 가속화

정부는 지난 15년 동안 가속화되는 저출산·고령화를 완화하고자 출산장려제도 즉, 출산장려금 및 영유아 수당 등 현금성 지원정책을 꾸준히 추진하였다. 그러나 2001년 1.31명이던 합계출산율은 2021년 0.81명으로 OECD 평균 1.63명(2018년)의 절반에도 미치지 못하는 세계 유일한 합계출산율 1명 미만인 초저출산 국가에 속하고[5] 있다. 이는 밑 빠진 독에 물 붓기와 마찬가지다. 왜냐하면 아이를 낳기만 하면 다인가, 누가 보육해 줄 것인가. 출퇴근 8시간 보모사용 비용은 천차만별이며, 맡기기에도 불안하다.

인구 연령구조 또한, 장기적인 저출산 현상으로 인해 1972년 1,386만 명이던 유소년인구는 2067년 318만 명으로 급감하는 추세를 보인 반면 고령 인구는 2017년부터 유소년인구를 추월하여 2025년에 1천만 명이 넘을 것으로 전망한다.[6] 바람직한 인구구조 모양은 종의 형태가 안정적인데 2020년부터는 위태로운 모양으로 변하는 것을 볼 수 있다. 고령 인구의 증가는 부양복지비용의 증가로 이어져 다음 세대가 그 책임을 그대로 떠안게 되므로 안정적인 인구구조를 위한 근본적인 대안이 필요하다.

[인구 구성의 변화]

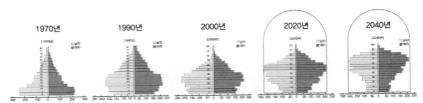

자료 : 제4차 저출산·고령사회 기본계획(2020), p.10. 재구성

생산가능인구(15~64세)의 경우 2016년 3,760만 명이던 게 베이비붐 1세대인 1955년생이 노인 인구로 편입되면서 2030년대에는 52만 명씩 생산가능인구는 점점 감소추세에 있다. 특히, 생산가능인구(15~64세) 내에서도 고령 인구가 늘어나고 있다. 청년층(15~24세)은 2017년 17.3%에서 2067년 14.5%로, 중년층(25~49세)은 51.9%에서 46.1%로 감소가 전망되며, 장년층(50~64세)은 30.8%에서 39.4%로 증가할 것으로 전망되고 있다.[7] 4차 산업현장은 더욱더 젊은 사람들의 노동생산성을 요구하고 있는데 생산가능인구의 고령화 현상도 점점 가속화된다면 산업경쟁력은 기대할 수 없으며, 국가경쟁력과도 연결된다는 것을 고려한 인력정책이 요구된다.

[생산가능인구의 변화]

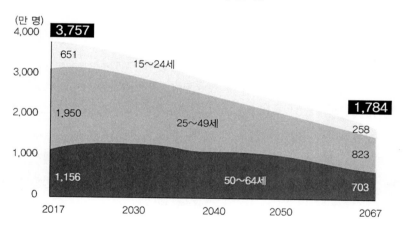

자료 : 통계청(2019), 장래인구특별추계(2017 – 2067)

정부는 저출산과 고령화 문제해결을 위해 첫째, 영유아 보육, 출산 양육을 지원하여 임신·출산을 장려하고 일·가정 양립제도를 도입하여 육아휴직급여, 무상보육 등을 실시하였다. 둘째, 기초노령연금, 장기요양보험 도입으로 노후소득보장과 요양 보호를 위한 정책을 실행하였다. 셋째, 청장년층의 만혼, 비혼이 증가함에 따라 경제적 안정을 위해 신혼부부 주거 지원, 임금피크제 확대 등의 정책을 실천했다. 그러나 다양한 지원정책을 위한 예산투입에 앞서 정책대상자의 명확한 요구분석을 바탕으로 출산장려의 기본적인 사회적 구조개선이 필요했으며, 여성의 경력단절, 일·가정양립을 위한 맞춤형 영유아보육 정책 등에 세심한 관심을 기울였어야 했다. 지난 15년 동안의 투자는 효과성에 있어 극히 미미하다.

정부의 인구감소에 따른 완화정책시도에도 불구하고 일자리 부족으로 인한 청년층의 수도권 집중 이동으로 생산가능인구가 몰리는 반면 지역은 청년층 유출과 고령화가 가속화되면서 지역소멸에 이르는 양상을 보인다. 이러한 지역소멸이 가속화되는 상황에서 저출산의 원인을 살펴보면, 첫째, 경제적 요인으로는 지역에서 청장년층들의 안정적인 삶을 위한 청장년층의 안정적인 고용과 규모별, 직종별 균형적인 임금체계뿐만 아니라 여성들의 차별적 노동시장, 자녀 돌봄에 대한 부담, 그리고, 고용보험의 사각지대 등을 꼽고 있다. 무엇보다 지역에 일자리가 많아야 하며, 그와 더불어 다양한 근무방식, 가족 돌봄을 위한 근무형태 확대 등 직장문화의 획기적인 변화가 요구된다. 이러한 변화는 남성뿐만 아니라 여성의 전문인력 확보가 높아질 것이다. 또한, 우리는 교육열이 세계에서 제일 높은 나라라곤 하지만 노벨상 부분에서 두드러진 결과는 찾아보기 힘들다. 자신의 잠재능력과 창의력을 발휘할 수 있는 교육환경의 부족은 교육에서의 경쟁력만을 부추기며, 자녀교육의 금전적, 시간적, 심리적 부담증가는 교육기회의 불평등으로 이어져 마침내 출산에 관한 회의적인 태도를 보이게 한다. 수도권에 밀집된 일자리가 주택가격을 올리고 그에 따른 소비지출 여력을 감소시켜 삶의 질을 떨어뜨리는

요인이 된다. 이에 미혼 인구는 결혼과 출산에 관한 판단을 보류하거나 멈춘다.[8]

둘째, 가치관의 변화요인으로는 다양한 가족의 구성변화를 들 수 있다. 우리는 법률혼을 중심으로 정상 가족의 규범을 중요시하고 있지만, 4차산업 시대 다양한 가족 형태와 그에 따른 아동의 존재에 대한 인식 부족 현상이 발생하며, 법률적 정상 가족에서 벗어난 가족은 차별의 대상 또는 개인의 권리 보호 측면에서 사각지대가 발생하고 있다. 대표적인 예가 불법체류자의 자녀인 미등록 아동이다. 또한, 여성의 인적자본 수준의 증가와 성 역할의 변화 및 고용의 불안정성 증가 등은 남성, 여성 할 것 없이 노동이 필연적인 사회로 전환하게 했다. 과거 여성의 삶이 '결혼과 자녀 양육'을 우선하였다면 오늘날엔 '일, 노동' 중심 생애로 설계되었다. 이러한 현상은 여성이 독립적인 경제활동자로 더욱 중요하게 여기는가 하면, 남성 역시 경제적 부담으로 인해 출산 이후 맞벌이를 선호하는 경향이 높아지고 있다. 하지만 일과 양육 모두 여전히 여성의 몫이 크다 보니 '노동 지향 보수주의(pro-work conservative)'[9]가 형성되어 남녀 모두 결혼과 출산을 피하는 결과로 나타난다.[10]

셋째, 인구의 성비변화요인으로는 주출산 연령대 여성의 인구감소와 결혼연령의 증가로 출생아 수가 감소하였다. 이는 과거 1996년 산아제한 정책이 폐지되기 이전 남아선호와 태아 성감별로 인한 출생성비 불균형으로 인하여 여성 인구(15~49세)가 감소의 요인으로 작용했다고 볼 수 있다. 또한, 혼인율은 하락하고, 남녀 모두 초혼 연령대는 2000년대 27.7세에서 2018년 31.9세로 계속 상승하고 있다. 기혼여성(15~49세)의 평균 출생아 수는 2005년 1.74명에서 2015년 1.63명으로 10년 사이에 0.11명이 감소하였으며, 30세 이상 기혼여성의 무자녀 비율은 2005년 15% 미만인 것이 2017년 25%로 급증추세로 나타나고 있다.[11]

이렇듯 지난 15년 동안 출산장려정책의 노력에도 불구하고 저출산으로 이어진 사회적 구조에서 원인을 찾고 해결방안을 제시하였으나 결국엔 삶의 질을 높이기 위한 종합적인 정책이 필요하다. 저출산과 고령사회로의 가속화를 완화하고, 인구구조에 대한 변화대응을 위해서는 출산과 자녀 양육을 위한 가장 기본적인 것 즉, 국가가 자녀 양육을 맡아서하는 것이다. 자녀가 성인이 되어 생산가능인구로 성장하기까지에는 최소 15년 이상 걸린다. 무상교육 기간인 고등학생 만 19세까지를 고려한다면 20년 이상의 시간과 재원이 투입돼야 한다. 그러나 현실은 그때까지 기다리지 못한다. 재원을 투입할 수 있다는 것은 외부적인 요소이므로 가능하다고 할지라도 아이의 성장은 시간이 흘러가야 하므로 이는 인위적으로 할 수 없는 일이다. 그러므로 인구정책은 곧, 인력정책이다. 그 어떤 좋은 인구정책이라고 해도 현실적으로 산업현장에 바로 투입할 수 없거나, 기다림이 필요하다면 적합한 인력정책이라 할 수 없다.

따라서 인구정책은 미래를 보고 장기간 준비하는 정책이지만, 이민정책은 미래를 대비하는 현실적 실용정책이다. 이런 점에서 분야별, 산업별, 업종별 적재적소에 필요한 노동인구를 전국단위 지역별로 파악하기 위한 이민정보원을 설치하여 정확한 정보를 바탕으로 적극적인 이민자 수용정책을 수립·집행에 활용해야 한다. 물론 이민자들에 대한 질적 분석과 영주, 귀화 등을 고려한 단계별 정주 정책을 개발하여 실시하는 것도 또 하나의 인력정책 활용방안이 될 수 있다.

2. 체류 외국인의 증가와 현실

우리나라는 1986년 아시안게임, 1988년 올림픽대회를 개최하면서 1990년대 초부터 외국인의 유입이 급증하기 시작하였다. 2020년 코로나 -19로 인해 증가추세는 잠시 주춤하였지만 향후 지속적인 증가가 전망된다. 체류 외국인을 10년 단위로 조사한 결과, 1990년 38만 명(등록외국인 5만 명)이던 것이 2000년 총 48만 명(등록외국인: 21만 명), 2010년에는 총 126만 명(등록외국인: 91만 명), 2020년엔 총 203만 명(등록외국인: 114만 명)으로 증가하였다.12

통계청·법무부(2021)의 자료에 따르면, 생산가능인구13에 해당하는 만 15세 이상 국내 체류 외국인은 133만 2천 명이다(2021.05. 기준). 국적별로는 한국계 중국인 2만 1천 명(4.3%), 베트남 4천 명(2.1%)으로 증가하고 있으며, 체류자격별로는 재외동포 4만 4천 명(13.1%), 영주자 1만 4천 명(11.8%), 유학생 6천 명(4.7%), 결혼이민자 6천 명(4.5%) 순으로 증가하고 있다. 반면에 특례고용허가제로 입국하는 방문취업자(H-2) 3만 8천 명(23.5%), 고용허가제로 입국하는 비전문취업자(E-9) 3만 6천 명(14.1%) 등은 감소하였다. 감소 현상은 코로나 -19로 인한 비자 발급 제한이 원인이라고 볼 수 있다.

생산가능인구에 속하는 이민자의 경제활동인구(2021년 5월 기준)는 91만 명(68.3%)으로 취업자는 85만 5천 명으로 전년 대비 7천 명(0.9%) 증가했고, 고용률은 64.2%로 전년 대비 0.5%p 상승하였다. 업종별로는 건설업 1만 7천 명(19.4%), 농림어업 4천 명(7.2%) 등은 증가하였고, 광업·제조업과 도소매·음식·숙박업 등은 감소하였다. 코로나 -19로 인한 비자 발급 제한은 노동 인력의 부족 현상을 일으켰으며 그로 인한 인력의 부족으로 외국인 노동자들의 임금을 200만 원(74.1%) 이상 최대 6.6%p로 상승하였다. 국경관리 강화로 인한 노동 인력의 부족은 외국인 실업자 5만 4천 명으로 전년 대비 1만 5천 명(21.9%) 감소하였으며, 귀화허가자 중 취업자는 3만 1천 명 증가, 고용률은 63.6%로 4.5%p 상승하였다.

[체류 외국인 인구, 취업자, 고용률 추이]

(단위: 천명, %)

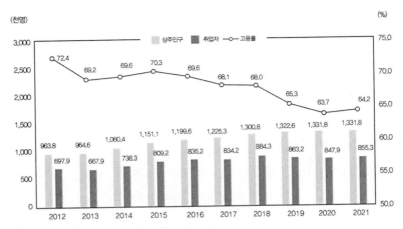

자료 : 2021년 이민자체류실태 및 고용조사, p.2

이민자특성은 남성 74만 1천 명(55.6%), 여성은 59만 1천 명(44.4%)으로 이들 중 전체 4만 9천 명의 귀화자 중 여성 귀화자가 4만 명으로 81.6%를 차지하고 있으며, 국적은 베트남인 1만 8천 명(36.8%), 한국계 중국인 1만 7천 명(36.2%)으로 가장 많다.

체류자격은 재외동포(F-4)가 38만 명(28.5%)으로 가장 많으며, 그다음은 비전문취업(E-9) 21만 7천 명(16.3%)이다. 유학생의 경우 한국어, 외국어 어학 연수자를 포함(D-2, D-4-1, D-4-7) 14만 3천 명(10.8%)이며, 영주(F-5)자격 12만 8천 명(9.6%), 결혼이민(F-6)자격 12만 7천 명(9.5%), 특례고용허가제인 방문취업(H-2)자격은 12만 3천 명(9.2%)이다.

연령은, 30~39세 37만 6천 명(28.3%)으로 가장 많으며, 15~29세 35만 명(26.3%) 등 15세 이상 40세 미만의 이민자가 54.6%로 절반이 넘는

다. 그 외 50~59세 22만 명(16.5%), 40~49세 21만 4천 명(16.1%), 60세 이상 17만 명(12.8%) 순이다. 연령별 귀화허가자 역시 30~39세로 2만 1천 명(41.7%)으로 가장 많으며, 그다음은 15~29세 1만 1천 명(22.1%)이다. 전체 63.8%가 15~40세(3만 2천 명)로 주출산 연령대라 할 수 있으며, 핵심 노동력제공이 가능한 생산가능인구에 해당하는 것을 알 수 있다.

지역별 특성은, 제조업체가 많이 몰려있고, 주거비가 대체로 저렴하며 국적별 네트워크가 강화된 지역으로 밀집 거주하는 경향이 있다. 지역 중 경기도 47만 3천 명(35.5%)으로 가장 많으며, 그다음은 서울시 29만 8천 명(22.4%)으로 경기·서울 즉, 수도권이 전체 57.9%를 차지하여, 수도권 집중이주 현상을 볼 수 있다. 그 외 대전·충남북·세종시 14만3천 명(10.8%), 부산·울산·경남 13만 명(9.8%), 광주·전남북 8만 7천 명(6.6%), 대구·경북 8만 2천 명(6.2%), 인천 7만 9천 명(5.9%), 강원·제주 3만8천 명(2.9%) 순이다. 귀화허가자 역시 이민자가 많이 거주하는 경기도와 서울시 지역에 집중되어 있다.

각각의 특성을 살펴본 바, 이민자는 입국 전 취업에 대한 욕구와 입국 후 직장문화·생활 적응을 통해 안정적인 삶을 살고 있다고 볼 수 있다. 더 중요한 것은 이민자들의 한국어 실력과 연령대이다. 한국어 실력의 경우 전체 외국인의 '말하기'는 '매우 잘하거나 약간 잘함'이 51.6%이며, 여성 57.0%로 남성 47.4%보다 약 10% 정도가 더 잘하는 것을 알 수 있다. '듣기'는 54.8%로 다수가 말하기와 듣기실력은 인정하고 있으나 '읽기' 49.1%, '쓰기' 43.5%로 읽기와 쓰기는 부족하여 계속 학습이 필요하다. 귀화자 역시 '말하기' 71.6%, '듣기' 75.6%로 일상생활에 불편함이 없이 사용할 수 있는 반면에 '읽기(69.0%)'와 '쓰기(60.7%)'는 일반 외국인과 마찬가지로 부족하다. 이러한 부분은 안정적인 정착과 취업 즉, 경제

활동과 연계되므로 이민자 거주지역 가까이에 있는 센터를 활용하여 지속적인 교육이 이루어지도록 연계하여야 한다.

연령대의 경우는 대부분 생산가능인구(15~64세)에 해당하므로 장시간 및 비용을 투입하지 않는 상태에서 인력의 수요와 공급에 대처할 수 있을 것이다. 이는 출산장려로 인한 시간과 노력은 기본적으로 추진하되 시기별로 필요한 인력을 공급하여 활용할 수 있다는 것을 장점으로 볼 수 있다. 물론 이민자의 질에 대한 부분은 매우 중요하며, 과연 이들이 우리나라에 귀화 또는 영주할 의도는 정부 재원투입에 따른 효과성으로 이어지므로 경제적인 측면을 고려한 우수 인재, 전문인력, 비전문인력 등에 대한 적극적인 정주유치전략은 필요하다.

이민자 수용정책의 타당성을 확보하기 위하여 외국인과 귀화허가자를 두 집단으로 분류하여 이들의 한국의 취업현장 및 가족생활 등 현황을 구체적으로 살펴보자. 외국인과 귀화허가자에게 제공된 교육 또는 훈련 경험은 10~12% 정도로 매우 낮으며, 주로 업무능력을 높이거나 자격증을 취득 또는 재취업을 위한 내용으로 구성되었다. 이러한 구성은 기관의 일방적인 교육서비스 제공으로 자신의 능력을 발휘하거나 고용현장에 적합한 인재를 연결할 수 없는 고용정책의 사각지대라 볼 수 있다. 두 집단이 받고 싶어 하는 교육은 단연 한국어로 가장 많은 요구가 있으며, 다음으로는 취업 정보와 일자리 안내와 함께 산업현장 관련 자격증 취득 또는 취업교육이다. 특히, 귀화자는 자녀의 학습 및 교육지원을 요구하였다. 즉, 대상자가 원하는 교육서비스가 이루어져야 한다.

이민자 가구의 특성은 외국인과 귀화허가자 모두 평균 71% 정도가 배우자가 있으며, 국내 함께 거주하고 있다. 그들의 자녀는 평균적으로 1.6명으로 함께 산다. 가구원 수는 외국인은 2인 가구, 귀화허가자는 4인 이상의 가구 형태가 많다. 그들이 사는 집의 유형은 일반주택이 평균

56.2%로 가장 많고, 점유형태는 외국인은 전·월세, 귀화허가자는 자기 집이 가장 많다. 거주지 이동은 조사 1년 동안 89.7%는 이동이 거의 없었으며, 이동 시 같은 시군구 내였다. 이렇게 거주하는 이유는 가족 또는 동료가 근처에 살고, 취업 및 결혼과 관계가 깊다.

귀화허가자와 외국인 두 집단 모두 월평균 총소득은 200~300만 원 미만(27.3%)의 수준이며, 지출 비중은 47.1%로 생활비가 가장 많았다. 그다음으로는 외국인은 국내외 송금(22.0%), 귀화허가자는 저축(19.2%)이며, 외국인의 경우는 본국의 가족 관계 등 분리된 가족에게 보내는 것으로 보인다. 송금횟수는 두 집단 평균 72.4%가 송금하지 않는다고 하지만 외국인의 경우 22.2%는 연 12회 이상 송금하는 것으로 거의 매월 송금한다고 볼 수 있다. 송금 금액은 외국인의 경우 연간 2천만 원 이상이 22.4%로 가장 많으며, 귀화허가자의 경우 연간 100~200만 원 미만(27.6%)이다. 가족의 분리에 따라 송금액은 큰 차이를 보인다.

외국인, 귀화허가자 모두 건강보험가입자는 두 집단 평균 94.1%로 매우 높은 비율을 보이며, 그 외 국민연금은 가입이 원칙인데 잘 모르거나 체류자격 또는 국가에 따라 가입 대상이 아닌 경우로 미가입자 비율이 57.4%로 높다. 두 집단이 경제적인 어려움에 대해서는 85.9%는 경험이 없다고 하면서도 35.1%는 병원비가 부담되어 진료를 받지 못하였다고 한다.

한국에 거주하는 18세 미만의 자녀를 둔 외국인, 귀화허가자 두 집단의 61.6%는 특별한 어려움은 없었지만, 23.6%는 자녀의 숙제 지도가 가장 어려웠다고 한다. 두 집단은 소득대비 자녀의 교육비에 대해 27.8%는 약간 부담이 되며, 가장 부담스러운 교육비는 두 집단 평균 84.7%가 보충 교육비라 한다.[14] 보충 교육비는 학원비, 과외비, 학교 방과 후 교육비 등 한국교육의 현실을 의미하며, 국민의 교육비 부담과 같다.

외국인과 귀화허가자는 과연 한국에 체류하는 기간이 어느 정도이며, 계속해서 체류를 희망하는지, 체류 연장방법은 무엇으로 선택하는지 우리는 이 두 집단의 정주 인식에 대해 알 필요가 있다. 이유는 두 집단이 한국에 체류하는 동기와 사유가 다르기에 이들에게 투입되는 예산의 효과성을 파악할 수 있기 때문이다. 체류 기간이 5~10년 미만의 경우 두 집단 평균 33.7%로 대체로 영주 자격 기준인 5년 이상 체류한 사람이 많고, 특히, 10년 이상 체류하는 외국인은 27.5%이고, 귀화허가자는 55.9%에 달한다. 최소 5년 이상의 장기체류자가 증가하고 있다. 영주자격을 갖지 않은 외국인은 체류 기간 만료 후에도 체류에 대해 전체 88.2%가 한국에 계속 체류하기를 희망하지만 53.6%는 기간을 연장하는 방법을 선택하며, 그 외 영주자격, 한국 국적 취득 희망자는 각각 14.6%, 11.1%이며 대체로 낮다. 장기간 체류하고 있는 외국인이 체류 기간 연장방법을 선택하는 현상은 우리의 영주자격과 국적취득에 대한 방법과 절차 및 허가 기간에 대한 재고가 필요하다고 할 수 있다.

그렇다면 국내에서 가장 많은 체류 분포를 나타내는 동포의 한국으로의 이주상황과 취업생활 등을 살펴보자. 동포 집단은 우선 중국 및 CIS (러시아, 구소련) 지역 동포들에 대하여 3년간 유효한 방문취업자(H-2)를 발급하며, 사증의 유효기간의 범위 내에서 최대 4년 10개월까지 자유로운 출입국과 단순 노무 분야 허용 업종에서 취업 활동을 할 수 있도록 하는 방문취업자(H-2) 집단이다. 다른 하나는, 중국과 러시아(구, 소련지역) 지역 동포를 대상으로 단순 노무 분야에 종사 가능성이 적은 국내·외 대학졸업자, 법인기업대표, 국내 기능사 이상 자격증 소지자, 60세 이상 동포, 사회통합프로그램 4단계 이상 이수자, 국내 고등학교 졸업자 등에 대해 부여하는 재외동포(F-4)집단이다.

방문취업, 재외동포집단이 한국에 오기 전 체류자격을 취득하기 위해 준비한 기간은 두 집단 평균 3개월 미만이 34.4%로 가장 많은데 이는 동포들의 사증 유효기간 범위 내에서 국경 출입이 자유롭기 때문이다. 이러한 자유로운 출입은 친구나 지인 또는 한국에 있는 가족이나 친척을 통해 취업에 대한 정보를 쉽게 얻을 수 있다. 두 집단 평균 29.6%는 한국에 있는 친구나 지인을 통해 취업 정보를 얻고, 20.6%는 가족이나 친척을 통해 취업이 이루어진다. 대체로 한국 내에서 일자리를 구하는 어려움은 없으나, 25.2%는 일자리에 대한 정보가 부족하다고 한다. 이들이 일자리를 구할 때 친구나 지인 또는 가족을 통해 취업하기도 하지만 직업소개소나 기타 기관에서 취업할 경우 두 집단 평균 85.3%는 취업소개료를 내지 않지만 반면에 15만 원 미만(67.9%) 또는 30만 원 미만(26.4%) 등 수준이다.

방문취업, 재외동포 두 집단 평균 87.9%는 이직을 희망하지 않는다. 반면에 임금이 낮거나 일이 위험하거나, 더 좋은 자리가 생기면 이직을 원한다고 한다. 이러한 취업은 85.5%가 방문취업과 재외동포 체류자격일 때 모두 취업한 경험이 있으며, 방문취업에서 재외동포로 체류자격을 변경하여도 76.6%는 같은 업무를 담당하고, 임금 또는 보수도 같은 것으로 나타났다.

이민자 집단 즉, 외국인, 방문취업, 재외동포 등의 체류와 고용현황을 살펴본바, 이민자 수용정책의 타당성을 부여할 수 있는 장점은 다음과 같다. 우선 이들의 체류 기간이 매우 길다는 점, 가족이 함께 체류한 경우나 가족이 떨어져 살고 있다는 점, 자녀가 있으며, 가구원 수가 2~4명 이상인 점, 대체로 자기 집에 거주한다는 점, 건강보험에 가입하고, 한국에 특별한 어려움이 없다는 점을 들 수 있다. 반면에 자녀교육에 부담을 느끼고 있다는 점, 영주자격과 한국 국적취득보다는 체류 기간을 연장하는 방법을 선택한다는 점이다.

이들은 취업이 수월하고, 임금 또한 입국 전보다 많기에 장기체류를 희망한다는 것은 이민자 수용정책에 중요한 요소로 작용할 수 있으나 대체로 비전문인력이다. 이들의 연령대를 고려한다면 산업현장에서 필요하고, 기술력을 발휘할 수 있도록 전문인력으로 육성할 수도 있다. 그리고, 3D업종에도 한국어 교육과 자신의 능력개발 및 장기 근무가 가능하도록 기술교육의 개발과 지원이 필요하다는 것을 알 수 있다.

그러므로 저출산·고령화에 따른 인구감소를 완화하고 벗어나기 위해서 인구조정정책으로서 이민자 수용정책을 적극적으로 활용해야 하며, 특히 비전문인력에서 전문인력으로의 육성정책은 인적자원 활용 면에서 적극적으로 고려되어야 할 사항이다.

따라서 이러한 한국의 인구변화와 이민자 체류 현실 속에서 우리의 이민정책은 어떠한 역할을 했으며, 정책은 어떻게 추진되었는지 사례별 전문가의 의견을 들어보자.

격랑과 혼돈의 이민정책

1980년대 이전에는 외국인의 출입이 많지 않았고, 국민의 해외여행도 국가의 허락을 득해야 했던 시절이었다. 그리고, 이민이란 단어조차 생소하던 시절, 1980년대 말 국제행사를 통해 그렇게 다양한 국가의 사람들을 본 것도 처음이요, 그들의 입국과 체류 절차를 관리해본 것도 처음이었지만 정책 담당자들은 밤을 세워 외국의 사례를 공부하면서 현장에 적용하는 정책을 만들었고, 88 서울올림픽이나 2002 한일 월드컵 등 국운과 관련된 대형 국제행사를 성공적으로 지원했다.

그러나 안타깝지만 지난 문재인 행정부 5년간 이민정책은 멈추었다고 말할 정도로 이민정책이 없었다. 인구절벽 지방소멸에 대한 대안으로 중장기적인 인구 이민정책의 청사진을 제시하지 못했고, 코로나 −19에 외국인과 동포에 대한 차별적 대우가 공공연하게 이루어졌다. 특히, 불법체류자와 난민은 적대적인 정책대상으로 전락하였다. 이러한 실패를 복기하는 것은 단순히 전 정부를 비판하기 위한 게 아니고, 반면교사로 삼기 위함이다. 주로 언론에서 다루었던 이슈를 중심으로 격랑과 혼돈의 시기를 뒤돌아 본다.

1. 저출산 고령사회 대책에 이민정책은 찬밥

김도균   한국경제연구원은 40년 뒤 우리나라 인구가 2천5백만 명으로 감소하는 반토막 대한민국이라고 전망하고 있으며, 인구문제는 청년들의 고용난과도 연결되어 있다고 전문가들은 주장하고 있다. 이를 해결하기 위한 가장 현실적인 대안이 이민정책임에도 조직과 예산에서 정부의 공식적인 정책은 없다. 정부가 이민정책을 찬밥 취급하는 것은 정치권이나 국민 정서를 너무 의식해서 소극적인 자세로 일관하는 것이 아닌가.

석동현   그렇다. 이민정책이 연령별, 산업별 인구 유입정책을 탄력적으로 활용할 수 있다는 장점을 고려한다면 효율적인 이민정책이 인구문제를 해결할 수 있는 가장 적절한 대안이라고 볼 수 있다.

김도균   인구문제는 환경문제나 에너지 문제만큼이나 시급하고 당면한 국가과제임에도 문재인 행정부처럼 이민정책을 적극적으로 활용하지 않는다면 윤석열 행정부도 다시 잃어버린 5년이 될 것이고, 이후 좋지 못한 결과로 나타나면 모두 미래 세대에게 부담과 책임을 전가하게 될까 우려된다.

석동현   아직 이민정책이 뭔지 모르는 사람들이 너무 많다. 우리 현대사를 통해 보면 이민은 나가는 것이지 들어오는 것이 아니었지 않았나. 노태우 전 대통령의 북방정책과 서울올림픽 이후에 외국인이 우리 주변에 나타났고, 개방의 이민정책은 막을 올렸는데, 우리는 이민정책이라고 하면 산업현장의 인력 부족으로 단기간 활용하는 외국인 근로자 정책이나. 농촌 총각들의 결혼 같은 다문화가족 정책만이 이민정책이라고 생각하는 오해들이 빚어낸 결과이기도 하다.

김도균 저출산 문제를 해결하기 위해 천문학적 예산을 쏟아붓고 있지만, 출생률은 계속 떨어지고 있지 않은가. 도대체 어디에 얼마나 많은 돈을 쓰고 있는지 이민정책에는 어느 정도 지원하고 있는지 궁금하다.

석동현 지난 15년간 저출산 예산으로 약 200조 원을 지원했지만, 세계 최저 출생률인 0.8명 수준으로 떨어졌다. 향후 200조 원을 5년간 더 지원하겠다고 한다. 과연 예산만을 지원한다고 아이를 낳을 수 있겠는가. 이는 어렵다고 본다. 왜냐하면, 우리나라의 산업현장의 경우 부모가 일과 양육을 병행하기에는 어려운 환경이며, 아이가 성장할 수 있도록 지속적인 공동육아가 지원되어야 하는데 모든 기업이 그렇게 할 수는 없기 때문이다. 오히려 저출산 예산 지원에 있어 비용대비 효과적 측면으로는 산업현장에서 검증된 이민정책에 저출산 대응예산의 100분의 1만이라도 배정된다면 생산가능인구를 적절히 확보할 수 있다.

김도균   인구감소에 있어서 현재의 일본이 미래의 한국이라는 말이 있다. 짐 로저스(Jim Rogers)는 100년 후 지구상에서 일본은 사라질 것이라고 적극적인 이민수용 정책을 제시한 바가 있다. 현재 우리의 상황이 일본의 잃어버린 30년을 답습하는 것은 아닌지 우려된다.

석동현   얼마 전 발표한 정부의 제4차 저출산·고령사회 기본계획을 보면 핵심 내용이 출산부터 대학까지 단계별 비용부담을 덜어 주는 수당지원이다. 이와 더불어 부부가 육아휴직을 사용하면 최대 월 300만 원을 지급하되 중소기업에도 최대 월 200만 원뿐만 아니라 셋째 자녀부터는 대학등록금을 전액 지원한다는 것이다.

김도균   과연 수당지원으로 출산정책이 효과가 있을지는 의문이며, 정부는 출산환경에 무엇이 필요한지 근본적인 조사를 바탕으로 정책을 추진해야 함에도 그저 수당정책만을 펼치는 모습이 안타깝다.

석동현   출산환경 개선으로 인구문제를 해결할 수 없다는 것은 이미 검증된 사실이다. 설사 그렇다고 해도 일정 기간 생산가능인구의 보완 계획은 수립되어야 한다.

김도균   이민정책은 시기별, 지역별, 산업별 수요·공급을 탄력적으로 활용할 수 있으며, 인구감소를 완화할 수 있는 정책을 펼칠 수 있는 장점을 지닌다고 했다. 무엇보다 출산을 통해 아이의 성장시간을 기다리는 동안 적절한 인력 및 인적자원정책으로 활용할 수 있다는 것이다.

석동현   인구학자들은 적정 인구 유지를 위해 합계출산율이 2.1명은 되어야 한다고 한다. 지금보다 두 배 이상으로 출산율을 높여야 하는데 우리나라 현실상 이는 불가능한 수치임에도 정책 입안자들은 대안으로 이민을 활용하자는 데는 부정적이다.

김도균   일부에서 이민으로 인구문제를 해결하는 데 문제가 많다고 지적하는 목소리도 있지만 무작정 이민으로 인구를 늘리는 것이 이민정책이 아니지 않은가.

석동현   필요인재와 우수 인재를 적극적으로 유치해 이민으로 강국이 된 나라들의 강점을 새 행정부는 적극적으로 참고해야 할 것이다. 다시 말해, 이민정책은 단순히 부족한 인구를 외국인으로 채우자는 것이 아니다. 부족한 인력을 효율적으로 외국 인재로 활용하여 국가경쟁력을 높이기 위한 인구 이민정책이 필요하다. 즉, 어느 분야에 어떤 사람을 얼마나 데려와서 국민과 갈등 없이 우리 사회에 적응하도록 하는 모든 정책을 포함한다. 이민정책이 인구정책에서 찬밥이 되어서는 안 된다.

2. 지방이 사라지고 있다

김도균   인구 감소문제 외에도 심각한 것이 인구의 불균형인데 2020년 처음으로 수도권 인구가 비수도권 인구를 추월했다. 인구이동이 수도권으로 몰리는 현상으로 광역시

를 제외한 비수도권 중에서 시·군·구 일부는 이미 인구
감소 현상이 일어나고 있다. 특히, 노인들이 많이 거주하
는 읍·면·동 단위 지방은 인구소멸의 위기를 맞고 있다.

석동현　　전국 229개[15] 시·군·구 중 소멸위험 지역은 2017년 85
개에서 2021년 8월 기준 108개 지역으로 전체 47.4%에
이른다. 더 큰 문제는 인구소멸의 고위험지역이다. 2020
년 23개 지역에서 올해 39개 지역으로 급증하였다.[16] 이
렇게 인구소멸이 가속화되면 그 가속화로 인해 점점 인
근 지역으로 인구이동의 집중화 현상이 일어나며 소멸지
역이 점점 늘어나 지역발전 균형이 깨지게 된다.

김도균　　지방이 소멸되면 수도권이 소멸되고, 결국은 대한민국이
소멸하게 되는 것이 아닌가.

석동현　　그렇다. 인구소멸은 일본의 마스다 히로야 교수의 저서인
「지방소멸(2014)」에서 제시한 용어로서 65세 이상 노인
대비 20~39세 여성의 비율로 소멸위험도를 산출한다.
즉, 젊은이는 사라지고 노인들만 남고 이후에는 아예 노
인들도 사라져 지역사회가 무너지게 되는 것이다. 한국
고용정보원의 기준에 따르면, 소도시 지역뿐만 아니라
광역자치단체별로 소멸 고위험지역이 등장하였으며,
2047년이면 전국의 모든 시·군·구가 소멸위험 지역이
며, 특히, 68.6%인 157개 지역은 소멸 고위험지역에 포
함된다고 한다.[17]

김도균   지방소멸의 원인은 단순히 농어촌의 낙후로 일시적인 문제가 아니고, 중소도시 번져가고 있으며, 향후 국가 존립의 문제로까지 확대될 수 있다.

석동현   정말 심각한 문제다. 이민정책은 지역산업의 활성화를 위한 노동력을 제공할 수 있는 인구정책이 될 수 있다. 지역의 산업이 안정적으로 가동되면 그 기업에 종사하는 외국인노동자뿐만 아니라 지역민의 생활환경도 개선될 수 있다. 지역의 인구가 많으면 많을수록 다양한 산업이 발달하고, 학교, 병원, 시설 등 인프라구축에도 긍정적인 영향을 미친다.

김도균   이민정책은 인구감소에 대한 대안뿐만 아니라 인구 불균형을 해소하는 인구정책으로서 기능이 가능한 정책이다. 이민정책의 활용은 지역의 인구감소를 완화하고, 경제·사회문제를 최소화하며, 국가의 균형적인 발전과 지역산업의 경제를 성장시킬 수 있는 적절한 정책임을 강조하고 싶다.

석동현   인구감소의 예방책으로서는 인구감소지역의 원인을 철저하게 분석하고, 지역의 산업별 노동 인력확보를 위한 정확한 정보 그리고, 이주노동자들이 안정적으로 정착할 수 있는 가족초청이 가능한 제도개선 등도 전제돼야 한다.

김도균   이민정책은 중앙정부 정책인데 지방정부가 직접 관여할 수 없는 한계가 있다. 이를 해소할 수 있는 정책도 필요하다고 본다.

석동현　　적절한 지적이다. 자기 지역이 소멸해 가는데 당사자는 중앙정부의 처분만 기다려서는 안 된다. 일부 지자체에서는 아기를 낳으면 수천만 원을 지급하는 획기적 당근 정책도 내놓았지만 이도 일시적 효과에 그쳤다. 심지어 귀화 외국인이 지역으로 전입해와도 지원금을 지원하는 지자체도 생겼다. 하지만 열악한 지방재정을 감안하면, 직접적인 금전적 지원은 한계가 있을 수밖에 없다.

김도균　　차라리 지역 특성별 산업구조에 적합한 외국 인재를 적극적으로 유치할 수 있도록 권한을 지자체장에게 부여하는 것이 효과적이라고 본다.

석동현　　그렇다. 중앙정부는 지방에 거주하거나 취업하는 외국인에 대해 체류와 비자에 대한 인센티브를 주는 것도 좋은 방안이 될 수 있다.

3. 벚꽃 피는 순서대로 망하는 대학

김도균　　지방소멸이 가속화되는 현실 속에서 학령인구가 감소되고 덩달아 대학의 정원미달로 결국엔 벚꽃 피는 순서대로 대학이 사라지고 있다는 우려의 목소리가 커지고 있다.

석동현　　대학이 사라지면 그 지역의 경제와 사회발전의 동력이 멈추고 이는 다시 지방소멸이 가속화되는 악순환이 된다.

김도균	지방소멸이 대학의 소멸까지 연계된다는 것은 매우 안타까운 일이다. 우리나라는 전 세계인이 극찬하는 교육열을 가지고 있고 높은 대학 진학률과 인재양성으로 선진국에 진입한 나라다. 그러나 과연 저출산 시대 모든 자녀가 과연 대학진학을 원한다고 해도 지방대학은 학령인구 감소로 정원을 채울 수 없고 지방대학은 더욱 심각한데 대학이 제대로 그 기능을 다 할 수 있을지 의문이다.
석동현	결국 지방의 청장년층 인구는 감소하고, 고령 인구만 남게 되어 결국엔 지역의 대학도 문을 닫게 된다. 이를 방지하기 위해서는 우선 지방소멸을 예방할 수 있는 정책을 수립해야 하고, 다음으로 대학의 존립을 위해서는 외국인 유학생유치뿐만 아니라 지역민과 외국인 노동자들의 학습활동의 터전이 될 수 있도록 대학을 평생 교육의 장으로 활용하여야 한다. 즉, 이민정책의 다양성으로 지방대학을 살릴 수 있다.
김도균	정부는 유학생유치가 필요하다고 인식하면서도 실제로는 유학생 이탈을 문제 삼아 유학생유치에 여러 가지 규제를 두고 있다. 일정한 수의 이탈자가 생기면 유학비자 발급을 제한하고 있는데, 이것이 코로나-19시기에 더욱 대학을 어렵게 한다. 유학생도 결국은 수도권만 선호하는 빈익빈 부익부 현상이 생기는 것이다.
석동현	벚꽃은 남쪽 제주에서부터 시작된다. 봄바람에 하얀 벚꽃이 날리면, 겨우내 움츠린 심신을 달래며 축제의 기분도

내고 싶지만, 제주에서 시작한 벚꽃 전선이 올라오듯이 순서대로 폐교를 걱정해야 하는 지방대학은 참으로 난감한 일이다. 무엇보다 지역교육의 중심역할을 해 온 대학이 사라진다는 것은, 그 지역의 역사와 문화전통을 잇는 연결고리가 사라진다는 말이다.

김도균 　지역의 인구감소를 예방하고, 생산가능인구의 확보를 통해 지역산업의 발전을 위한 유학생을 중심으로 하는 육성형 이민정책은 매우 필요한 정책임엔 틀림없다.

석동현 　대학과 이민정책과의 연계성도 인구정책과 마찬가지로 태어난 아이가 20세가 될 때까지의 시간을 고려한다면 이해가 충분하리라 본다.

김도균 　국가 발전을 위한 인재를 육성하는 것은 공장에서 찍어내는 물건처럼 쉽지 않으며, 수입해서 쓸 수 있는 것이 아니다. 이민자 수용을 위한 육성형 이민정책에 대학을 활용하는 방법이 매우 효과적이다.

석동현 　한국 생활을 통해 한국어가 가능한 외국인 유학생을 기업에 적합한 인재로 활용할 수 있도록 대학은 현장 기술교육을 지원하고, 정부는 필요한 비자 제도개선을 해줘야 한다. 단순노동력을 제공하고자 들어온 노동자들이 산업별 숙련인력으로 성장할 수 있도록 필요기술교육을 지역대학이 지원하도록 한다. 이민정책을 실천할 수 있는 대학의 역할은 기술력 향상을 꾀할 수 있고 이민자의 국가 문화를 교류할 수 있는 공존의 장이 될 수 있다.

김도균   미국의 힘은 전 세계 우수 인재를 끌어모으는 이민에 있고 그 중심에 대학에 있다고 한다. 각국의 인재들이 미국 대학으로 몰리고 졸업자들에게 영주권과 시민권을 쉽게 취득하게 해줌으로써 대학이 인재 유치의 장으로 역할을 하고 있다.

석동현   우리는 미국처럼 대학의 경쟁력을 갖추지 못한 상태에서 그것도 지방 소재 대학과 전문대학에서 우수 인재를 육성해 내기는 어렵다. 그러나 숙련인력이나 준전문인력이라면 말이 달라진다. 어차피 데려올 외국인이라면 국내 대학을 졸업하는 지방대학 졸업생을 지역의 산업현장에 직접 활용함으로써 지방과 대학을 동시에 살릴 수 있다. 지방대학 출신자에게 지방기업의 취업을 전면적으로 허용하는 것도 생각할 수 있다.

4. 한국 영주권은 얼마예요.

김도균   영주권(permanent residency)이란 국가가 외국인에게 국내 정주할 수 있도록 부여하는 권리이다. 영주권을 거주권(denizenship)이라고도 하는데, 대부분 국적을 취득하기 전 단계이다. 특별사정이 없는 한 강제퇴거를 당하지 않고 평생 거주할 수 있기에 이민정책에 있어서 영주권 정책은 핵심이다.

석동현 실무에서는 영주권이라고 하지 않고 영주자격(F-5)이라고 한다. 대한민국의 미래 국민이 될 사람들이 우리 국민과 더불어 살아갈 수 있도록 준비하는 제도라 할 수 있다.

김도균 국민이 되는 자격을 규정하는 것은 국가마다 다양하겠지만 영주권은 국적보다는 진입장벽을 낮추고 있고 다양한 인재를 유치하는 데 활용하고 있다.

석동현 우리나라는 외국인이 91일 이상 합법적으로 체류하려면 출입국관서에서 외국인등록증을 발급받는다. 외국인등록증을 기초로 외국인이 취업 또는 사업 등 장기체류가 필요할 경우 영주권 취득의 동기부여가 생긴다. 영주권을 받게 되면 자국의 국적을 포기하지 않고 한국에서 장기 거주하면서 시민의 지위와 그에 따른 권리를 보장해 주기 때문에, 다양한 경제활동이 자유롭다. 빈번한 국제 이주와 장기체류가 증가하는 이 시대에 영주권 제도는 실질적인 권리와 시민권의 범위설정에 유연함이 요구되고 있다.

김도균 그렇다면, 영주권 부여는 현실에 적합한 보편적인 기준이 필요하다. 법무부는 귀화 허가 신청에 따른 불합리한 체류 제도를 악용하는 경우를 보완하고자 2018년 12월 국적법 개정을 통해 영주권 전치주의[18]가 시행되고 있다. 영주권자가 미래의 국민으로 변화될 경우를 고려한다면 영주권 취득에 단계별로 로드맵이 투명하게 나와야 하지만 아직은 영주자격자가 20만 명도 되지 않아 활성화가 필요하다.

석동현   재한외국인 처우 기본법에 따르면 영주권자는 대한민국의 안전보장, 질서유지, 공공복리 그밖에 대한민국 공공이익에 손상을 입히지 아니하는 범위 안에서 대한민국으로의 입국·체류 또는 대한민국 안에서의 경제활동 등을 보장받는다고 규정하고 있다. 영주권자는 한국에 영구적인 체류 생활이 예상되기에 이들의 안정적인 정착을 위해서 현재 제한적인 사회보장서비스에 대한 부분도 현실에 적합하게 단계적으로 개선되어야 한다.

김도균   영주자격이 영주권으로 확실한 권리로 인식될 정도의 정책적 접근도 필요하지만 아직은 국내에서 출생한 화교와 결혼이민자 그리고 간이 귀화자 외에는 쉽게 접근할 수 없는 비자임은 틀림이 없다.

석동현   그래도 투자이민제가 시행되면서 특정한 지역의 부동산이나 펀드에 가입한 경우에는 거주 비자를 거쳐 영주자격을 주었는데, 이마저도 최근에는 강화해 나가는 추세다. 예컨대 기준금액을 5억 원에서 15억 원으로 상향하고자 하고 대상자도 미혼자녀에서 미성년 자녀로 축소하겠다고 하는데 이는 우리나라 영주권의 가격을 스스로 너무 높이 책정한 것은 아닌가 싶다. 지금은 좀 더 과감하게 영주자격을 확대할 시점이지 강화할 시기가 아니라고 본다.

김도균　　IMF 때 외화 부족으로 외국인이 5천만 원만 투자해도 기업투자 비자를 주던 시절이 있었다. 그때와는 비교할 수 없지만, 외국인에게 5억 원은 적은 금액은 아니다. 또한, 실질적으로 5억 원 투자하는 사람이라면 국내 생활하면서 소비하는 금액도 상당하다.

석동현　　국내출생 화교나 결혼이민자는 신분상 자격으로 영주권을 받지만 그렇지 않은 사람에게 투자자 자격으로 영주권을 주는데 아직은 담당 공무원조차 인색하고 부정적인 시각이 있다. 아울러 전문인력이나 준전문인력에게도 영주권을 더욱 확대할 필요가 있다. 무엇보다도 한국에서 석·박사 과정을 마치고 정상적으로 국내 기업에 취업하는 사람이라면 과감하게 영주권을 주는 정책도 필요하다.

5. 보충적 출생주의 어떻게 생각하세요.

김도균　　우리나라는 헌법에 의거 하여 대한민국 국민의 요건을 국적법으로 정하고 있으며, 국적법은 출생으로 인한 국적취득을 우선하는 혈통주의를 원칙으로 한다. 다만, 혈통이 확인되지 않는 경우에만 예외적으로 출생주의를 인정하고 있다. 그런데 선천적 국적취득에 혈통주의의 예외를 인정하자는 국적법 개정안을 두고 일각에서는 화교를 위한 법 개정이다, 국익에 반한 국적을 쉽게 취득하도록 하는 법안이다라는 논란이 가중되었다. 국적법 책까지 출간한 변호사님의 의견이 궁금하다.

석동현   인구절벽 시대에 국적 취득요건을 탄력적으로 완화하는 국적법 개정은 필요하다. 그러나 국적법 개정을 위한 순서와 방법에서 접근이 잘못되었다.

김도균   좀 더 상세히 설명해 달라.

석동현   네 가지로 나누어 말해보겠다. 첫째, 국적법을 개정하기 위해서는 내·외부적으로 충분한 실무 논의를 거쳐 정당한 필요성을 제시했어야 한다. 두 번째로, 국내출생에 국적을 부여하는 예외적 출생주의는 부모의 혈통을 알 수 없을 때 적용하는 조항인데 그것을 보충적 출생주의로 확대 해석하여 국적법의 근간인 혈통주의와 예외조항에 어긋난 개념을 사용했다는 것이다. 세 번째는, 장기간 대기와 심사를 거쳐 어렵게 한국 국적을 취득하여 귀화한 사람보다 영주자격을 선택한 자의 자녀에게 쉽게 복수 국적을 취득할 수 있어 공정하지 못하다는 것이다. 네 번째는 향후 다른 영주자격자도 형평성과 차별을 이유로 출생주의의 확대를 요구할 것이고, 이에 반대하는 국민 정서로 갈등은 더욱 심화될 것이다.

김도균   법무부는 국적법을 개정하고자 하는 의도 즉, 사유를 알아야 한다. 법무부는 국적법 개정을 대상 국가를 구분하지 않고 국가 정책적으로 어떤 대상자들이 국익에 도움이 되고 사회통합에 용이할 것인가를 고려해 요건을 정했고, 국적과 관계없이 국내 사회와의 유대를 고려해 2대에 걸쳐 국내에서 출생했거나 우리와 혈통을 함께하는 재외동포 등의 대상자를 선정했다고 한다.

석동현   국적취득을 점차 완화하는 세계적 추세 국내 체류 외국인
의 증가 등 정책환경이 지속적으로 변화하는 것을 고려
했다면, 저출산·고령화로 인한 인구감소에 따른 대안정
책으로 제시한 듯하다.

김도균   그렇다면 국적법을 개정하기보다는 생산가능인구의 확보
를 위해 유학생, 결혼이민자, 취업자, 영주권자 등 이민자
수용방법을 찾아야지 국적취득 기준을 완화해서 해결할
문제는 아니지 않나.

석동현   그렇다. 영주자격 신청자들의 장기간의 심사시간에 대한
민원과 외국 국적 동포, 화교인 2, 3세대의 국적취득 절
차에 따른 문제점을 해소하기 위하여 보충적 출생주의로
국적법을 개정하려 한다면, 국민적 공감대와 정서가 더
욱 중요하다. 국적법의 단순 절차 개정이 아닌 출생주의
의 도입은 정부 입법보다 국회의 의원 입법으로 충분한
토론과 숙의를 거쳐 추진하는 것이 타당하다.

김도균   국적법 개정 시 고려해야 할 사항이 또 있다. 바로 불법체
류자와 그의 자녀 즉, 한국에서 태어난 미등록 아동이다.
이러한 국내 출생자들은 어떻게 해결할 것인가, 이들도
어느 시점에 해당하면 국적을 부여해야 할 것인가를 함
께 고민해야 한다.

석동현   2011년 유엔 아동권리위원회는 우리 정부에게 보편적 출
생등록제 도입을 권고했다. 즉, 부모의 법적 지위나 출신

과 관계없이 모든 아동의 출생이 등록되도록 조치하고 이 과정에서 아동의 생물학적 부모가 정확히 명시되도록 보장하라는 것이다. 2012년에는 인종차별철폐위원회와 유엔인권이사회의 국가별 인권상황 정기검토(UPR)에서도 권고된 사항이다.

김도균　현재 불법체류 아동에 관해서는 건강권, 체류보장, 교육권 등을 지원하지만 근본적인 체류자격 또는 국적 부여 및 그의 부모에 대한 체류 등 해결해야 할 문제가 산재해 있다. 아동은 부모와 분리해서 취급할 수 없지 않은가. 아동에게 국적을 주면 불법체류하고 있는 부모는 어찌하나.

석동현　국내출생 아동에게 쉽게 국적을 준다면 그 부모들은 국민의 부모가 되어 소위 말하는 앵커 베이비(Anchor Baby)가 유행할 수도 있다. 개인적으로는 국내에서 출생해서 고등학교를 졸업했다면 영주자격을 거쳐 국적을 주는 것에 찬성한다. 그러나 그 부모는 아동이 성년이 될 때까지 체류나 취업만 허용하고 그 이후에는 일반 외국인과 동일하게 대우해야 한다. 국적 부여 문제는 국민의 공감대 형성과 정서도 고려해야 하므로 신중한 검토와 미래지향적인 개정안을 마련하는 데 숙고의 시간이 필요하다.

6. 동포 정책의 명암

김도균　국내에 체류하고 있는 동포들이 약 80만여 명으로 이민정책의 큰 부분을 차지하고 있다. 이들 중 80% 이상이 중국

동포가 차지하고 있다. 지난 2월부터 재외동포기본법 제정과 재외동포청 설립을 위해 100만인 서명 운동을 하고 있다.

석동현　여러 시민단체와 몇몇 국회의원이 동참하여 재외동포기본법 제정과 전담기구 설립에 관해 활동하는 것을 알고 있다. 이 점에서 정확한 정보와 올바른 정부의 역할이 매우 필요한 것을 통감한다. 동포들도 자기들을 위한 전담조직이 필요하다고 나오는 것도 충분히 이해가 간다.

김도균　재외동포에 관해서는 역사적 배경으로 보아 존중과 더불어 살아가야 할 대상임에도 국가별 차별과 혐오가 분명 존재한다. 그래서 동포들이 반발하는 것이 아닌가.

석동현　중국동포와 구소련동포의 경우 지리적·경제적 요인으로도 활용의 가치가 분명한 대상이며, 이들의 권익을 보장하고, 국가 간에 이루어지는 경제활동에 참여할 수 있도록 지원해야 한다. 국가경쟁력 강화 및 필수인재 유치 차원에서 동포를 활용해야 한다.

김도균　동포를 차별할 것이 아니라 국가적으로 활용해야 한다는 데 전적으로 공감한다.

석동현　물론 정부의 책임도 무시할 수는 없다. 국내 체류 동포와 재외국민에 대한 장기적인 정책을 수립하고, 구체적인 정책을 전담하여 집행할 조직이 필요하다고 볼 수 있다.

단 이 문제를 해결하기 위해 기본법이나 재외동포청을 만들어야 한다는 건 정치적으로 좀 나간 것이다.

김도균 법이 없어서 국내 거주 동포들이 체류나 취업에 불리한 위치에 있는 것은 아니지 않은가. 정부가 동포에 관한 근본적인 정책 방향을 잡지 못한 것과 추진과정에서 일어난 일시적 모순을 정치적으로 활용하는 것도 문제다.

석동현 현재 국내 거주 동포에 관한 법이 3가지 있다. 재외동포법, 재한외국인 처우 기본법, 출입국관리법이다. 여기에 동포들의 안전한 국내 체류 보장, 비자발급 및 취업 지원 등 모두 포함되어 있다. 특히, 재외동포법 제4조에 정부는 대한민국 안에서 재외동포가 부당한 대우와 규제를 받지 않도록 필요한 지원을 해야 한다고 규정되어 있다. 법대로 하면 될 일인데 실무에서 지침으로 여러 제약을 두는 것이 문제다.

김도균 재외동포법은 법무부 장관이 수립하고 추진하지만, 재외동포기본법이 외교부 업무로 되면 기존 법과의 충돌은 불을 보듯 뻔한 것 아닌가.

석동현 그런 문제 발생 시 해결 방법 없이 무조건 기본법을 만들자는 것은 무모한 행동이다. 이것은 오히려 동포사회와 국민을 양분화하고 불필요한 갈등을 야기시킬 수 있다. 국내 체류 동포들이 필요한 부분만 해결하면 될 것을 문제를 확대하는 형국이다.

김도균　　현재 국내 체류 동포들의 불만은 비자와 취업제한에 대한 것이다. 우선 비자에 관해서 방문취업과 재외동포로 나뉘어지면서 문제가 시작되었다.

석동현　　과거 재외동포법의 차별조항이 헌법불합치 판결을 받자 임시방편으로 도입한 것이 방문취업제이다. 노동시장에서의 재외동포와 방문취업의 체류 기간의 차이점은 매우 크며 이 제도의 병폐로 적용되고 있으므로 방문취업 기간 만료자에 대해서라도 우선적으로 재외동포로 통합하고 일원화돼야 한다.

김도균　　지난 30년 동안 동포들의 자유 왕래와 체류 정책은 순조롭게 정착되어 가는데, 자유로운 취업에 대한 정책은 방문취업과 재외동포 자격에 따른 취업제한 업종 때문에 동포들이 불만과 갈등이 생긴 것이다.

석동현　　현재 이 부분은 완화해 나가는 과정 중에 있다. 체류자격별 취업제한을 둔 것은 고용노동부의 인력난에 따른 요구로 법무부 장관의 시행규칙 즉, 지침으로 진행하고 있었기 때문에 이 내용을 재외동포 자격으로 통합하여 취업제한 업종에 대한 개선으로 충분히 해결할 수 있다고 본다.

김도균　　무엇보다 과거 노무현 정부는 방문취업을 지원하기 위해 외국적동포과를 신설하여 외부 전문인사를 영입하여 재외동포정책을 잘 추진하려고 했는데 이후 체류관리과로 흡수되면서 담당 인원도 줄고 동포에 대한 관심이 줄어든 것이 문제가 아닌가 싶다.

석동현 동포정책에 대한 조직의 형성과정과 발달과정을 정확히 파악하고 어떠한 조직운영이 필요한지 탄력적으로 운영해야 하는데 동포정책 전담조직을 축소해 운영한 것은 아쉬운 부분이다.

김도균 한 가지 더 추가하자면 동포들이 경제계나 문화 예술계 등 다양한 방면에서 성공한 사람들이 많이 나와야 한국 사회에서도 동포에 대한 인식이 바뀔 것이며, 국내 체류 동포들이 일정한 기간 후에는 거주국으로 귀환하여 성공한 주류사회로 진입할 수 있도록 지원프로그램이 필요하다.

7. 불법체류자에 관한 생각

김도균 현재 우리나라에는 불법체류자라 불리는 외국인이 40만 명이 우리 주변에 같이 한다. 특히, 코로나-19로 인해 2020년 말에는 불법체류율이 19.3%로 증가한 것으로 나타났으며, 불법체류자가 이민정책에서 중요한 화두가 되었다.

석동현 우선 출입국관리법에는 불법체류자라는 말이 없다. 밀입국자, 체류 기간 초과자, 체류자격 외 활동자 등의 표현만 있다. 일부에서는 미등록외국인이라고 부르기도 한다.

불법이라는 용어를 우리는 고민해봐야 한다. 국제이주를 통해 거주하는 국가의 법을 지키지 않은 사람에 대한 표현이다. 왜 용어를 구분하느냐 하면 사용하는 용어에 따라 이들에 대한 정책 접근 방법이 다르기 때문이다. 즉 불법체류자 합법화를 하자고 하면 법을 위반한 사람에 대한 시혜조치를 떠올리고, 미등록외국인 활용방안을 내놓으면 국가적으로 필요한 외국인을 활용하는 것처럼 보인다. 여기서는 편의상 불법체류자라 하겠다.

김도균 불법체류의 사회적 문제로 체불임금이나 성추행 같은 인권침해도 문제가 되지 않나.

석동현 불법체류 외국인에 대한 체불임금 문제와 성추행 등 인권침해 사례가 끊이지 않는 것도 이들이 법의 사각지대에 놓여 있음을 잘 알 수 있다. 도저히 국민을 정상적으로 고용할 수 없는 한계기업이 외국인을 불법으로 고용하고 배 째라는 식으로 임금을 지급하지 않는 것은 개인의 문제를 넘어 국격에 관한 문제이고 외교 문제로 비화되기도 하므로 잘 관리하고 대응해야 한다.

김도균 40만 명의 불법체류자 대부분은 산업현장에서 취업하고 있다. 사실 불법체류자가 없다면 문을 닫아야 하는 한계기업이 존재하므로 불법체류자를 근본적으로 없앨 수는 없다고 본다.

석동현   국경과 비자가 존재하는 한 불법체류자는 완전히 없앨 수
없다. 이민국가인 미국에도 천만 명의 불법체류자가 있
다. 대외개방을 하지 않는 북한에도 일정 수의 불법체류
자는 있을 것이다. 역으로 미국에 불법체류하는 한국인
이 50만 명이라고 하고 일본에서 가장 많이 불법체류하
는 사람도 한국인이다. 그런 점에서 해외에서 불법체류
하는 우리 국민의 수를 보면 개방을 지향하는 우리 이민
정책의 관점에서 불법체류자는 불가피한 존재라고 볼 수
있다.

김도균   불법체류의 근본적인 문제는 그 수에 있지 않고 비율에 있
다고 본다. 국내 체류외국인이 200만 명 수준인데 불법
체류자가 20%를 차지한다면 심각한 상황이 아닌가.

석동현   전체 체류외국인 대비 불법체류자 비중이 20%면 심각한
문제다. 외국인의 체류에 있어 일정 수준의 불법체류자
는 사회·경제구조상 불가피한 측면도 있다고 하지만,
정부가 관리하거나 감당할 수 있는 수준을 넘어 이제는
불법이 불법을 양산하는 조직화 또는 고착화 단계에 진
입했다고 볼 수 있다. 향후 이민정책에 있어 매우 큰 걸
림돌이 될 것이다. 법무부는 불법체류 문제를 해결하기
위해 다양한 정책을 시도했지만 뚜렷한 효과가 없다.

김도균   실질적으로 외국인은 필요한데 법적으로 다 수용하지 못
해서 생기는 것이 불법체류이다. 그런데 그 비중이 너무

높다는 것은 체류 관리가 너무 엄격해서 생긴 문제는 아
닌가.

석동현 그런 측면도 분명히 있고 부정할 수 없다. 산업현장이나
시장에서는 수요가 존재하는데 충분한 공급이 일어나지
않으면 합법이 불법의 영역으로 전환될 수밖에 없다. 이
런 시장의 수요를 노동시장 테스트라고 하는데 우리나라
는 이에 대한 명확한 분석이 일어나지 않은 상태에서 체
류 관리 특히, 취업비자 발급이 이루어지고 있다.

김도균 특히 코로나 −19 시기에 농어촌이나 지방 제조업에서 외
국인력 부족을 하소연하는 현장이 넘쳐났는데도 충분한
공급이 이루어지지 못하면서 불법체류자를 경쟁적으로
모셔가고 임금도 천정부지로 올랐다.

석동현 현장은 철저히 시장 논리에 따라 움직이는 데 반해 책상의
공무원은 규정만 따라간다. 코로나 −19라는 비상 상황이
면 비상대책이 나와야 하는데 현 정부는 그 부분에 부족
했다고 할 수밖에 없다.

김도균 그렇다면 지금이라도 불법체류자를 산업현장으로 보내는
합법화 정책을 시행해야 하는 것은 아닌가.

석동현 상당히 민감한 부분이다. 불법체류자를 직접 관장하는 법
무부가 법과 원칙을 내세우면 할 수 없는 정책이다. 그러
나 앞서 말한 대로 불법체류자 합법화가 아닌 미등록외

국인 활용방안이라고 한다면 이야기가 달라진다. 지금의 과도한 불법체류자 비중과 코로나-19로 인한 현장의 일손 부족을 감안한다면 일정 부분 합법화하는 것이 필요하다고 본다. 일정 기간 국내 거주하였고 산업현장에서 실제 고용되어 필수 인력으로 자리 잡은 외국인이라면 취업비자로 변경해 주는 방안도 생각해 볼 수 있다.

김도균 합법화 문제를 이야기하자면 자진신고제도를 거론하지 않을 수 없다. 법무부에서는 불법체류자 문제를 해소하기 위해 수차례 자진신고제도를 시행하였다. 이 제도의 핵심 내용은 불법체류자가 자진하여 출국한다면 범칙금을 면제해주고, 일정 기간 이후 단기 방문비자를 발급하여 재입국을 보장한다. 그러나 출국하고 재입국한 외국인은 취업이 불가하므로 다시 불법체류자로 전락하게 되는 것이 뻔하기에 산업현장에서는 자진신고제도를 불법체류자 고향 방문 정책이라고 비웃기도 한다. 우리는 불법체류자를 단속하는 것을 낮은 정책이라고 하며, 출국 유도와 입국 차단을 중책이라고 볼 수 있는데 그동안 정부의 정책은 여기에 머물러 있지 않나 싶다.

석동현 하책과 중책을 넘어 이제는 상책을 생각해야 한다. 기존의 정책을 환경에 적합하게 탄력적으로 적용할 수 있도록 노동시장에 움직임에 따라 외국인 노동 인력의 질과 규모를 조절하는 정책이 상책이다.

김도균   그러한 상책을 펼치기 위해서는 불법체류자 중 농어촌 근로, 외식업, 간병인, 가사도우미 등 노동시장 테스트가 이루어졌고 국민의 공감대가 형성되는 직업 분야는 과감히 합법 체류의 영역을 넓혀야 한다.

석동현   아울러 유학생, 이민자 가족, 동포들의 취업과 체류에 대한 특례 및 체류 영역을 확대해야 한다. 그리고, 성실한 체류자로 검증된 외국인은 영주권을 취득할 수 있도록 사다리를 제시한다면 불법으로 전락하지 않는다. 불법체류자 합법화도 이런 기조로 접근해야 한다. 반면에 국민의 일자리 잠식 분야인 건설업과 퇴폐업소 등은 엄격한 법 집행을 통해 국민이 공감할 수 있는 정책을 시행해야 한다.

8. 좌충우돌 코로나 -19 대책

김도균   코로나 -19가 시작된 지도 2년이 훌쩍 지났다. 코로나 -19는 우리의 일상을 송두리째 바꾸어 놓았다. 그중에서 코로나 -19 초기부터 지금까지 국경관리와 외국인 체류 관리가 어떻게 이루어졌는지 짚고 넘어가 보자.

석동현   코로나 -19가 이민정책에 미친 영향은 지대했지만, 그 세부대책에 대해 일반인들에게는 잘 알려져 있지 않다. 먼저 국경관리 부분을 보자. 코로나 초기에 중국인의 입국을 전면적으로 막아야 한다는 여론이 들끓었지만 정부는 소극적이었다.

김도균　　중국인의 입국을 막자는 것은 다분히 정치적인 주장이 아니었나. 차라리 중국에서 오는 사람의 입국을 막아야 한다고 해야지 과학적이다. 코로나 −19를 국적에 따라서 달리 대응할 수는 없지 않은가. 그러려면 중국에서 오는 모든 항공기 착륙을 막아야 하는데 그럴 수는 없었을 것이다. 북한이라면 몰라도.

석동현　　그래서 임시방편으로 코로나 −19가 발생한 우한지역 출신자들에 대해서 입국을 금지했지만, 그 자체도 효율성을 담보할 수 없었다. 아울러 제주 무비자입국제도를 조기에 중단했어야 했는데 시기를 놓치고 제주도가 먼저 중단요청을 하고 나서야 제주 무비자 입국을 중단했다.

김도균　　코로나 −19 위기상황에 질병관리본부가 질병관리청으로 승격한 것은 질본이 전문가집단으로 인정받으면서 가능했다. 출입국외국인정책본부는 코로나 −19 대응에 과연 전문가로 역할을 했다고 보나.

석동현　　그게 아쉬운 부분이다. 코로나 −19 기간 중 출입국 당국은 철저히 뒤로 빠져있었다. 아마 장·차관의 지시가 있었을 것이다. 중대본이나 방역 당국에 협조만 하고 직접 나서서 대책을 세우는 것에 부정적이었을 것이다. 왜냐하면, 장·차관은 코로나 −19 대응을 위한 국경관리나 체류 외국인 관리에 전문적인 식견이 없었을 테니까.

김도균   그래도 국경관리에 선제적으로 대응한 것이 있었다. 바로
비자 면제협정과 무비자 입국제도의 중단을 전격적으로
발표했는데, 이것이 참 아이러니하게도 대상 국가를 선
정하면서 상호주의를 적용한 것이다. 즉, 코로나-19를
이유로 우리 국민의 입국을 불허한 나라를 대상으로 우
리도 그 국가 국민의 입국을 불허한다는 것이다. 이런 상
호주의 적용으로 당시 코로나-19 유행이 절정이었던 미
국은 한국인에 대해 입국을 허용하니 미국은 제외한다는
식이다.

석동현   그래서 전혀 과학적이지 않았다는 것이다. 상대국가는 우
리나라에 코로나-19 발생율이 높아서 입국을 불허한 것
이지 국가에 대한 차별이나 보복이 아닌데, 우리는 그 나
라의 코로나-19 상황을 반영하지 않고 무조건 상호주의
를 적용했다. 좋은 말로 상호주의이지 사실상 보복적 조
치에 가까운 대책을 시행한 것이다.

김도균   이는 비과학적이지 못할 뿐 아니라 정치적 결정이었다는
오해를 살만하다. 즉, 무비자 입국 중단을 국회의원 선거
며칠 앞두고 전격적으로 결정하고 그동안 코로나-19 대
응으로 언론에 전혀 모습을 보이지 않던 출입국외국인정
책본부장이 선거 하루 전 언론브리핑을 했는데, 선거를
목전에 두고 외국인 입국 조치 강화한다라고 대대적으로
홍보한 것이다.

석동현   충분히 오해를 살만하다. 그래서 정치방역이라는 이야기를 듣는 것이다.

김도균   국내 체류 외국인에 대한 대책은 또 어떠했나. 코로나 -19로 인해 고용허가제 외국인 근로자의 입국이 어려워지고, 곳곳에서 인력 부족을 하소연하는 목소리가 높아져 이들에 대한 특별조치가 필요했는데 법무부는 법 규정을 들어 선제적으로 조치할 수 없다고 했다.

석동현   그래서 결국 국회의원 입법으로 고용허가제 외국인의 체류 기간 상한을 1년 연장하도록 법을 개정하자 마지 못해 체류 기간을 연장해 주었는데, 이는 입법 개정을 통하지 않고 출입국관리법의 체류자격 변경 조항을 통해서도 충분히 가능한 조치였는데 먼저 움직이지 않았다.

김도균   국경관리는 과학적 근거에 따라 엄격하게 대응해야 했었고, 체류 관리는 유연하게 대응했어야 하는데 거꾸로 정책을 한 것이다. 농어촌의 인력난에 대한 대응도 아쉽기는 마찬가지이다.

석동현   농어촌의 인력 부족은 코로나 -19로 직격탄은 맞은 분야인데 계절근로자 활용을 방역당국에서 발표했다. 그 내용도 출국하지 못하고 있는 불법체류 자진신고자나 동포들을 농어촌 계절 근로자로 허용했는데, 그 내용도 허술했고 동포들에 대한 차별 시비도 발생했다. 즉, 기존의 자진신고자에 대해 입국비자를 발급하지 않는 공관도 많이

있었고, 동포 중에는 이민 다른 자격을 취득한 사람들을
계절근로자로 허용한다고 해서 형평성과 실효성에 문제
가 많았다.

김도균   재입국 허가 제도를 기형적으로 운영한 것도 문제였다. 그
동안 재입국 허가를 면제해 왔던 장기체류 외국인에 대
해 재입국 허가를 다시 요구한 것인데, 실질적으로 법 규
정 때문에 재외동포는 제외되었고, 재입국 허가 심사도
실질적으로 이루어지지 않았다. 해외에 체류하면서 코로
나-19로 입국하지 못하고 있던 사람들에 대해서도 반드
시 국내에 입국해서 비자 연장을 해야 한다고 했다. 심지
어 코로나-19 때문에 입국하지 못한 영주권자의 비자도
취소했다.

석동현   코로나-19로 이동이 어려운 상황에 국내 있는 외국인은
나가라고 하고, 외국에 있는 장기체류자는 들어와서 비자
연장하라고 한 것이다. 한 마디로 좌충우돌 대책이었다.

9. 고용허가제의 기로

김도균   불법체류 문제를 이야기하면 고용허가제 문제도 반드시
짚고 넘어가야 할 문제다. 고용허가제로 입국한 외국인
근로자가 불법체류로 전락하는 비중이 아주 높고 열악한
근무조건과 생활환경 때문에 인권침해 시비가 끊이지 않
는다.

석동현 정부는 부족한 노동 인력의 수급을 위하여 과거 산업연수
생제도가 통합된 '고용허가제'를 2004년부터 시행하며
16개 국가로부터 외국인 근로자를 도입하고 있다. 그러나
임금착취, 언어폭력, 열악한 생활환경 등에 국가인권위원
회조차 여러 차례 권고와 시정을 요구하기도 하였다.

김도균 지난 겨울 한파에 비닐하우스에서 잠자던 캄보디아 근로
자가 동사하는 사건까지 발생했지만, 근로환경이 크게
개선되지는 않았다.

석동현 고용허가제 사업장 중 농어촌이 많은데, 고용주는 이들을
그저 외국에서 수입한 일군으로만 생각하여 숙소, 식사
등을 제대로 지원하지 못해 인권침해가 심했다. 숙소의
경우 축사 안에 있거나, 비닐하우스 또는 어구작업장 내
에 두기도 했다.

김도균 그렇지만 외국인 근로자는 본국보다 높은 임금을 받기에
참고 일을 하였고, 더 많은 돈을 벌기 위해 체류 기간을
넘어 불법체류를 하게 되었다. 불법체류는 못된 고용주
들에게는 악용할 수 있는 빌미를 제공하였으며, 불법체
류란 족쇄 때문에 거의 노예처럼 생활한 경우도 있었다.

석동현 근로환경 외 제도운영에서도 많은 문제가 발생하고 있다.

김도균 특히, 사업장변경이 문제가 많다. 외국인고용법에는 우선
사용자가 정당한 사유로 외국인 근로자와의 계약을 해지

또는 갱신을 거절할 경우, 둘째, 사업장의 휴·폐업 및 외국인 근로자가 근로를 계속할 수 없는 경우, 셋째, 그 외 사업주의 귀책 사유가 분명하게 있는 경우 등이다. 이 내용으로만 보더라도 고용주의 입장만을 고려한 제도인지를 알 수 있다.

석동현 고용허가제 초기에는 고용주들이 외국인 근로자를 자신이 맘대로 부릴 수 있는 노동자로만 여겼다. 결국은 국가인권위원회까지 나서서 인권 측면을 고려하여 숙소, 식사, 임금 등 개선을 요구하고 있다.

김도균 고용허가제는 내국인으로 채워지지 못하는 일자리 즉, 3D산업 5개 업종이 주를 이룬다. 5개 업종은 제조업, 농축산업, 어업, 건설업, 서비스업으로 구분할 수 있는데 특히, 농축산업과 어업의 경우 지역과 일의 특성으로 인해 외국인 근로자는 낯선 환경에 적응하기에도 매우 힘든 상황이다. 아울러 사업장변경에 대한 부분은 여전히 고용주의 권한에 있어 외국인 근로자에게 직업선택의 자유는 없다. 물론 고용주의 귀책 사유가 있으면 사업장을 변경할 수 있다. 그러나 귀책 사유를 외국인 근로자가 입증할 수 있을까?

석동현 매우 불합리한 제도라고 할 수 있다. 외국인 근로자는 1회 입국하여 3년을 근무할 수 있으며, 성실 근로자로 최대 4년 10개월까지 근무할 수 있다. 이때 사업장변경은 5회까지 가능하며, 본인의 귀책 사유가 없는 경우는 사업장

변경횟수에 포함되지 않는다곤 하지만 고용주의 동의없이 사업장을 옮기기가 현실적으로 매우 어려워 노예계약이라는 말도 나온다.

김도균 결론적으로 고용허가제는 그 시대적 사명을 다했다고 보고 대안을 찾아야 한다. 고용허가제로 인한 산업현장의 병폐와 외국인 근로자의 숙련도 향상 및 직업선택의 자유 등을 고려한다면 최종적으로는 노동허가제로 변화되어야 한다.

석동현 그러나 노동허가제로의 급격한 변경은 기존 고용주와 산업계의 반발을 불러올 수 있고 고용부가 쉽게 동의하지 않을 것이다.

김도균 그렇다고 고용허가제를 이대로 끌고 갈 수는 없지 않나.

석동현 그래서 고용허가제와 노동허가제의 중간 단계인 취업허가제를 대안으로 검토할 수 있다. 입국 전 외국인 근로자가 사전에 취업처를 확인하고 선택할 수 있도록 하는 것이다. 외국인 근로자는 스스로 선택한 취업처에 대해 일에 대한 사전지식과 역량을 준비할 것이고, 이직률도 최소화하게 될 것이다. 이렇게 함으로써 스스로 선택한 취업에 대한 의무와 책임을 지울 수 있다. 고용허가제의 문제점을 보완할 수 있는 취업허가제는 지금의 출입국관리법으로도 충분히 시행할 수 있다.

김도균   아울러 고용허가제가 폐지되기 전까지 외국인 근로자를
국가 간 계약으로 도입하는 방법 외에도 국내 체류 중인
외국인 즉, 유학생이나 결혼이민자의 가족에 대해서는
별도의 쿼터를 인정해 이들을 활용하는 방안도 추가되
어야 한다.

10. 새우꺾기는 보호가 아니다

김도균   지난해 화성 외국인보호소에서 보호외국인을 뒤로 묶어
독방에 감금한 이른바 새우꺾기 사건은 우리 사회에 큰
파장을 일으켰다. 피해자 모로코인 A씨의 변호사는 외국
인 구금 기준을 법무부에서 알려주지 않았으며, 이것은
명백히 고문이라고 한다.

석동현   새우꺾기 사건으로 인해 법무부는 세계고문방지기구
(OMCT)로부터 보호 해제를 권고하는 내용을 받았다.
이 기구(OMCT)는 세계 90여 개국 200여 개 시민단체
가 연합하여 이루어진 고문에 맞서는 가장 대표적인 국
제 네트워크이다. 언론에 따르면, 보호소에 있는 외국
인은 화성 외국인보호소는 207명, 청주보호소는 187명
이다(2021년 7월 기준). 그중 1년 이상인 자는 24명이다.
뉴질랜드는 6개월이 넘는 보호에 대해서는 특별한 이
유를 규정하고 있으며, 독일은 최장 기한을 12개월로
하고 기한이 되면 예외 없이 석방한다.

김도균   외국인보호소는 말대로 외국인을 보호는 하는 곳인지 아니면 감금을 하는 곳인지 모르겠다.

석동현   외국인보호소의 설립 취지는 보호외국인이 단기적으로 머물게 하도록 설계된 시설의 초기 목적과는 달리, 최근 장기간 머무는 외국인들이 증가한 것 역시 이번 사건에 영향을 미쳤다고 본다.

김도균   그리고 외국인보호소에 대한 잘못된 인식이 있다. 외국인에 대한 구금은 법무부 재량이라고 생각할 수 있지만, 엄연히 법에 따라 집행된다. 즉, 체류자격 연장 기한이 넘는 경우 범칙금이 부과되며, 이를 내지 못하면 고발 등의 형사 절차가 진행된다. 이후 출국명령을 내려 스스로 출국하도록 안내를 하지만 출국명령에 응하지 않으면 강제퇴거명령이 내려진다. 이에 또 응하지 않으면 보호소에 수용되며, 범칙금을 납부해도 퇴거명령에 따르지 않으면 수용된다.

석동현   이민정책에서 국익만큼이나 중요한 것이 인권인데 국제적 인권 기준에 유연하게 대응하지 못하는 이민정책과 제도의 문제라고 할 수 있다.

김도균   출입국관리법에서 명시하고 있는 외국인보호소 내 물리력 행사에 관한 규정은 교정시설 보다 구체적이지 못해 보호소 내에서 자의적으로 보호 방법을 행사하는 원인이 되고 있다.

석동현 출입국관리법에 외국인보호소 내 공권력 행사내용을 좀 더 구체적이고 세분화하여 별도의 요건과 절차 및 방법을 규정하는 법 개정이 필요하다. 또한, 외국인보호소의 설립 취지에 맞게 형을 집행하는 시설이 아닌 출국을 위해 대기하는 장소라는 점을 고려하여, 수용된 외국인들의 맞춤형 서비스를 제공할 수 있도록 엄격한 자체 규정을 정해야 할 것이다.

김도균 암만 규정이 잘 정비되어 있어도 이를 집행하는 공무원이 사명감을 가지고 전문적으로 법 집행을 하지 않으면 소용이 없다. 보호 업무에 종사하는 공무원은 공항이나 체류지 사무소에 근무하는 것보다 열악한 환경이라 이들에 대한 처우개선이나 사기 진작도 중요하다.

석동현 그런 점에서 국가의 직접적인 수용관리 부담을 줄이기 위해서 민간위탁 관리 방안을 검토할 수 있다고 본다. 교도소도 개방으로 운영하고 민간위탁을 하는데 외국인보호소라고 불가하다고 생각하지 않는다. 또한, 보호소의 위치도 외국인이 출국을 위해 대기 중인 공간이라는 것을 감안하면 공항 주변으로 이전하는 것도 생각해 볼 수 있다.

11. 수면제 먹이고 수갑 채워야 하는 요양병원

김도균 최근 요양병원 간병인력의 부족으로 어르신들에게 수면제를 과다 투약하거나 관리가 어려워 움직이지 못하도록 수갑을 활용하는 지경에 이르렀다고 한다.[19] 충격적이다.

이런 일이 일어나는 곳이 한두 곳이 아니고 몸이 불편한 부모님들은 요양병원 가기를 죽기만큼이나 싫어한다.

석동현 한때 우리나라의 효부, 효자들은 부모의 간병을 위해 휴직하거나 퇴사도 마다하지 않았다. 그러나 다 옛날이야기다. 일과 가정을 양립하기 어려운 맞벌이, 1인 세대 등으로 가족 구성이 변해가는데 부모를 직접 간병할 수 없다. 나도 내 자식이 날 간병하거나 돌본다는 것은 기대도 생각도 하지 않는다. 요양시설을 선택할 수밖에 없다.

김도균 우리보다 앞서 고령화를 맞이한 외국의 사례를 살펴볼 필요가 있다.

석동현 복지 선진국인 핀란드가 2000년 노인환자 38%에게 수면제가 처방된 사실로 사회적 무리가 일어 2010년 16%로 처방률을 줄인 경우가 있다. 모두 돌봄서비스 인력이 부족하면서 생긴 현상이다.

김도균 누구나 사람은 늙어 가고 안락한 죽음을 맞이할 권리가 있다. 고령화 속도가 세계 최고 수준인 우리나라도 일본처럼 요양보호사 시장에 외국인 개방정책을 검토할 때가 되었다고 본다.

석동현 일본은 우리나라보다 먼저 고령사회로 접어들었다. 일본은 2025년이 되면 간병인이 필요한 고령자수가 600만 명이 넘을 것이며, 고령화된 베이비붐(단카이) 세대로 인해 향후 간병인력 부족 사태를 예상하였다.

김도균　외국인 개방에 대해 소극적인 일본이 외국 간병인력 개방을 선언하고 나온 것은 정말로 의외의 정책이다.

석동현　우리말에도 긴병에 효자 없다고 하지 않았나. 일본은 외국 간병인 도입 외에는 선택의 여지가 없었을 것이다.

김도균　구체적으로 일본은 간병 인력 유치를 위해 베트남 정부와 양해각서를 체결하고, 간병기능실습생제도를 도입하기로 했다. 간병기능실습제도는 과거 우리나라의 산업연수생제도와 유사한 외국인기능실습제도를 간병 업종까지 확대하여 운영한다.[20]

석동현　한국은 요양보호사 자격시험을 2010년 8월 처음으로 시행하였다. 현재 자격취득자가 약 100만 명으로 추정되는 반면 실제로 활동하는 사람은 약 35만 명 정도다. 배출된 인원에 비해 활동하는 요양보호사가 매우 적은 이유는 그들에 대한 인식과 열악한 처우로 장기근속을 피하게 되었으며, 3D직종이라 할 수 있다.[21]

김도균　전국의 요양병원 대부분은 민간이 운영하며, 적은 인원으로 수익을 우선한다. 요양보호사는 병원근무자 외 방문요양보호사도 있다. 이들의 근로 규정이 있으나 무용지물이고, 인력센터는 그들의 열악한 근무환경을 대변하지 못하니 정부 관리의 사각지대에 놓여 있다고 볼 수 있다.

석동현 현재 간병인 기피 현상으로 전문적인 간병인 교육을 받지 못한 사람들 약 70% 정도가 한국어 사용이 가능한 중국동포 또는, 외국인 단순근로자가 그 자리를 메우고 있다. 이는 일본의 간병기능실습교육을 받은 외국인 근로자를 요양보호사로 채용하는 것과 대조적인 모습을 볼 수 있다.

김도균 앞으로 요양병원뿐만 아니라 다른 병원도 간병인의 수요는 계속 증가할 것이다. 이를 해결하기 위해 이미 양성된 요양보호사의 처우, 근로조건, 근무환경 등 제도의 개선이 전제되어야 하며, 채용된 외국인 근로자를 대상으로 '간병인 실무교육'을 통해 전문성을 길러줌으로써 간병인력 보완정책으로 활용하여야 한다.

석동현 나아가 외국에서 간호교육을 받은 인력과 자국에서 한국형 요양보호사 교육을 받고 사전 평가를 통해 입국할 수 있도록 요양보호사 취업허가제를 도입하는 방안이 필요하다. 이것은 부모와 자식 우리 모두에게 해당되는 시급한 문제다.

김도균 외국인 요양보호사를 국내 대학에서 관련 학과를 졸업한 유학생도 진출할 수 있도록 하는 것도 좋은 방안이라고 생각한다.

석동현   한국어 능력과 요양보호사 자격증을 취득하기 위해서 국내 전문대학에서 2년 정도만 공부하면 자격증 취득이 가능하다고 한다. 이를 위해 지방대학의 졸업과 지방 요양병원 취업을 연계한 비자를 만들 수 있다.

12. 비자 비리와 해외 비자신청센터

김도균   비자발급은 이민정책의 첫 단추이다. 재외공관의 비자발급과 관련해서 영사나 행정원이 비자 장사를 했다는 비리는 잊어버릴 만하면 들려오는 뉴스이기도 하다. 비자발급 비리가 영사의 개인적 일탈인지 구조적인 문제인지 생각하지 않을 수 없다.

석동현   비자발급은 법상 법무부 장관의 권한인데 일부를 재외공관장에게 위임한 것이다. 그런데 재외공관은 외교부 장관의 지휘를 받는다. 즉 비자발급 지침은 법무부가 만들고 담당영사는 외교부가 지휘하니 문제가 좀 복잡하다. 물론 비자비리가 영사나 재외공관 행정원의 개인적 문제이기도 하지만 이러한 비리의 구조가 해소되지 않은 것은 지휘구조의 이원화에도 그 원인이 있다.

김도균   비자발급이 재외공관이 담당하고 있지만, 물리적으로 전 세계 167개[22]에 이르는 재외공관에 법무부 비자 영사를 다 파견할 수 없다. 과거 비자발급이 단순하던 시절에는 별문제가 없었지만, 한국방문의 붐이 불면서 비자신청이

폭발하고 업무도 복잡해지면 새로운 방식이 도입되어야
하는 것 아닌가.

석동현 167개 재외공관이라고 하지만 무비자 입국이 가능한 나
라를 제외하고 나면 실질적으로 비자발급이 현안이 되는
곳은 중국, 동남아, 몽골 정도이다. 이런 나라에 대해서
만이라도 비자발급 시스템의 개선은 시급하다.

김도균 재외공관도 국내와 마찬가지로 인력부족 때문에 제대로
된 비자심사가 불가능하다고 하소연인데 비자 영사를 해
외에 보내는 데 드는 비용이 만만치 않다. 오죽하면 영사
한 명 증원하는 것이 하늘의 별 따기라는 말이 나온다.

석동현 공무원들에게 제도개선을 하라고 하면 하나같이 요구하
는 것이 인력과 예산 부족을 내세운다. 물론 어느 정도의
기본적인 인력은 있어야 하지만 정부 구조상 재외공관에
요구하는 만큼의 인력을 보낼 수는 없다. 그보다도 효율
적인 시스템을 구축하거나 민간위탁을 활용하는 것이 우
선이다.

김도균 그런 차원에서 비자발급이 폭주하는 공관에 비자신청센터
를 설치하여 민간에 위탁한 것은 적절한 방안이었다.

석동현 과거 비자신청은 지리적, 기술적 한계로 재외공관에만 신
청할 수 있었고 법무부의 승인이 필요하면 전문으로 송
부하던 시절이 있었다. 이후 불편함을 줄이기 위해 출입

국관서에서 직접 승인한 사증발급인정서 제도를 도입해서 운영했지만, 일반 비자신청은 여전히 불편함이 많았고, 심지어 비자신청이 폭주한 중국과 동남아 국가에서는 한국 비자를 신청하면 모두 반한 인사가 된다는 말이 나올 지경이었다.

김도균　그 문제를 해결할 수 있는 것이 비자신청센터를 설립해 민간에 위탁하여 운영하는 것이었는데 현재까지 부작용 없이 잘 운영되고 있다.

석동현　비자신청센터는 비자발급의 혁신이라고 할 수 있다. 현재 총 7개국 12개 지역에 비자신청센터가 설치되어 운영[23] 중이고 점차 확대할 것으로 보이지만 그 속도가 더딘 것 같다.

김도균　그 원인이 무엇이라 보는가.

석동현　앞서 말한 대로 비자발급이 법무부와 재외공관으로 이원화되어 있기에 생기는 현상이다. 비자신청센터의 설립과 운영을 법무부와 외교부가 협의해야 하고 공관에 따라서 비자신청센터의 설치를 꺼리는 곳도 있어 생기는 현상이다.

김도균　해외 비자신청센터가 아직은 비자발급 시스템의 완전한 모델로 확립되어 있지 않은 것 같다. 단순한 비자접수 대행 업무 외에도 다방면으로 활용한다면 이민정책에 큰 역할을 할 수 있지 않나.

석동현   비자신청센터는 운영방식도 다양하고 기능 또한 무궁무
진하다. 대사관은 한 지역에 한 곳만 있는 경우가 많지
만, 비자신청센터는 한 나라에 수십 개를 설치할 수 있
다. 고객의 요구사항에 맞춰 원거리 화상 인터뷰로 서비
스를 제공하기도 한다. 관광과 유학 안내, 투자와 취업
상담을 할 수 있고, 다국적 언어상담과 콜센터를 24시간
국내외에서 제공할 수 있다. 이외에도 재직 증명, 은행
서류 등 각종 서류검증이 가능하고, 몸이 불편한 사람에
게 도움을 줄 수 있다. 금전적 여유가 있는 사람에게는
집까지 찾아가는 고품격 서비스도 제공하고, 우크라이
나 전쟁처럼 특수한 상황 발생 시에는 난민신청자 또는
재외동포 가족 등의 입국도 지원할 수 있다.

김도균   딱딱하고 불편한 비자발급이 미래 이민고객에 대한 서비
스 영역으로 확대되는 것의 첫걸음을 비자신청센터가 할
수 있을 것으로 보인다.

석동현   그렇다. 낯선 외국에서 언어와 지리에 어둡고 어려움에 처
한 관광객에 차량을 제공할 수 있고, 우리 동포들의 외국
정부 비자 문제도 무료로 도와줄 수 있고, 외국 정부의 발
행 문서 공증 신청을 대리해 줄 수 있고, 외국 관공서에도
동행하여 도움을 줄 수도 있다. 법무부와 외교 재외공관
관료들이 미처 제공하지 못했거나 새로운 맞춤 서비스를
제공할 수 있다.

김도균   대사관이나 영사관의 역할이 미치지 못하는 곳에 민간 기관이 더 효율적인 기능을 할 수 있는 기관이 비자신청센터다.

석동현   굳이 공무원이 직접 하지 않아도 되고 서비스를 다양화·고도화하는 데 민간이 잘할 수 있는 분야라면 민간위탁을 과감히 하는 것이 효율적인 정부 운영 방식이다.

김도균   비자신청센터 운영과 관련하여 코로나-19 전에는 민간위탁기관이 그래도 수지를 맞추었는데, 코로나-19 이후 비자발급이 사실상 중단되면서 운영에 애로가 있다는 말도 들린다. 이는 국가의 방침에 의해 생긴 손실이므로 적정한 보상을 해야 하는 것 아닌가.

석동현   비자신청센터의 운영비용을 영국처럼 정부가 직접 제공하기도 있지만, 우리나라 비자신청센터는 신청인의 수수료로 센터를 운영하고 있어 비자발급이 줄어들면 당연히 적자로 운영될 수밖에 없는 구조다. 이런 점은 업체 선정 시에 고려하거나 일정 부분 정부 예산으로 보전해 주는 방안도 필요하다.

13. 김학의 출국 금지 사건을 보는 관점

김도균   출국 금지제도는 우리나라 국경관리에서 특이한 제도이다. 어찌 보면 행정기관의 편의를 위해 개인의 거주 이전의 자유를 심하게 제한한다는 비판이 있다.

석동현 출국 금지는 수사상 목적 외에도 세금체납자와 최근에는 양육비를 지급하지 않는 경우도 출국금지 대상이 되었다. 좀 과하지 않나 싶기도 하지만 오죽하면 출국금지까지 해야 하는 민원인의 요구나 행정청의 입장도 이해가 되기도 한다.

김도균 출국금지 중에서 가장 문제가 되는 것은 수사 편의 목적으로 인권침해사례가 빈번하다는 것이며 특히, 대기업의 대표에서 생계수단으로 출국이 불가피한 소시민에 이르기까지 다양한 사례의 수사에 관한 압박수단으로 출국금지가 남용되고 있다.

석동현 수사목적의 출국금지는 내국인 또는 국내 체류 외국인 모두에게 해당되는 제도로 강력범죄의 현행범을 체포하거나 수사 중이거나 당장 긴급체포 대상일 경우에는 필요하다. 무분별한 출국 금지는 개선되어야 한다. 수사를 하는 수사기관의 입장에서 출국금지를 제때하지 않아 피의자가 해외로 도피하면 엄청난 비난을 받는 것도 현실이니 일단 출국금지부터 하고 보자는 관행도 문제다.

김도균 무분별한 출국금지에는 이의신청 제도가 있는데 문제는 이것이 거의 형식적으로 이루어지고 있다는 데 있다.

석동현 출국금지를 결정하는 부서는 법무부 출입국심사과인데 지방 검찰청의 출국금지 요청에 대해 실질적인 심사없이 의례적으로 그 요청을 받아들이고 있다. 아마도 검찰

요청을 거부한 사례는 거의 없을 것이다. 또한, 출국 금지 대상자도 검찰로부터 자신의 수사내용에 불이익을 받을까 싶어 불합리성을 주장하지 못하며, 이의신청 시 인용되는 사례도 거의 없다.

김도균 출국금지는 인권보호 부서인 법무부의 업무인데도 법무부에서 너무 형식적인 심사에 치우쳐 인권침해 시비가 나오는 것이 아닌가.

석동현 이러한 출국 금지의 인권침해요소를 해소하기 위해서 우선, 검찰의 출국 금지 대상자가 중대 범죄를 범한 도주우려자로 한정하고, 지방 검찰청(검사)이 아닌 대검찰청을 통해 신청하도록 하여 출국 금지 요청을 남용하지 못하도록 하여야 한다. 다음으로 법무부 내 출국 금지 결정에 대한 실질적인 심사가 이루어질 수 있도록 인권과 수사전문가를 보강하여 심사에 참여하도록 해야 한다. 또한, 출국 금지 결정에 대한 이의신청 시 독립적인 심사를 위한 별도의 부서(과 또는 위원회)를 신설하여, 불합리하고 비인권적인 출국금지에 대한 통제 시스템이 필요하다.

김도균 한때 세간을 떠들썩하게 하고 지금도 재판이 진행 중인 김학의 전차관의 출국금지도 언급하지 않을 수 없다. 과연 주요 범죄혐의자의 출국을 수단과 방법을 가리지 않고 막아야 하는 것이 출국금지 제도의 존재 이유는 아니라고 본다.

석동현　김학의 전차관의 출국금지 사건은 현재 여러 사람이 재판이 진행 중이라 말하기가 상당히 조심스럽지만 개인적으로는 문제가 많았다고 본다.

김도균　조심스럽더라도 좀 더 구체적으로 말해 달라.

석동현　당시의 급박한 상황으로 심야에 검사의 요청으로 그것도 허위의 사건 번호를 기재하여 긴급출국금지를 했다. 이는 출입국관리법상 출국 전에 이루어져야 하는데 김 전차관은 이미 출국심사를 마치고 항공기 탑승을 기다리던 중에 출국금지가 이루어진 부분이 문제가 된다. 물론 항공기 탑승 전에도 출국금지가 이루어질 수 있지만, 긴급출국금지자는 그 대상이 아닌 것으로 해석된다. 정확히 법대로라면 긴급출국금지가 아닌 일반 출국금지가 내려졌어야 했고, 이미 출국의 정황이 있었기 때문에 충분히 일반 출국금지가 가능했을 것인데 절차를 정확히 지키지 않은 부분이 아쉽다. 사회적 물의나 대통령의 지시가 있다고 하더라도 절차는 지켜야 하는 것이 출국금지의 본질이다. 불가피한 사정으로 정상참작은 있을 수 있지만, 검사가 허위의 문서를 작성하여 출국금지를 요청하고 출입국관리 공무원이 출국금지를 집행한 것이 정당한 법 집행이었는지 법원의 판단을 지켜볼 일이다.

14. 유승준인가 스티브 유인가?

김도균 한때 인기 절정의 연예인이 돌연 미국 시민권을 취득하면서 국민의 공분을 샀다. 병역기피를 목적으로 한국 국적을 포기했다는 것인데 이로 인해 아직 한국 땅에 발을 들여놓지 못하고 있다.

석동현 대한민국 남성은 신체적, 정신적으로 특별한 사유가 있는 경우를 제외하고 모두 국방의 의무를 지켜야 한다. 외국 국적취득은 개인의 선택이므로 뭐라 할 수는 없다. 하지만 비자발급은 국가의 선택이므로 정책적 고려사항이 있다.

김도균 입국 금지가 국가의 자유재량이지만 개인의 인권을 과도하게 침해한다면 재량권을 이탈한 것이 아닌가.

석동현 출입국관리법에는 국익과 공공안전을 해치는 행동을 할 우려가 있다고 인정할 만한 이유가 있는 사람과 사회질서와 경제 질서유지 및 선량한 풍속을 해치는 행동을 할 우려가 있다고 인정할 만한 이유가 있는 사람[24]은 입국을 금지할 수 있어 상당히 포괄적이고 재량적 요소가 많다. 거의 자유재량에 해당한다고 보이고 법원도 외국인의 입국 금지에 대해서는 그런 기조를 가지고 있어 재량권을 이탈했다고 단정하기가 어렵다.

김도균   하지만 일반 외국인이 아니고 국내에서 출생한 재외동포
         이고 한국인 가족도 있는 점을 고려하면 적정한 시기에
         입국을 허용할 수도 있지 않은가.

석동현   그는 국내 활동하면서 엄청난 인기를 누렸고, 국방의 의무
         를 지키겠다고 신체검사도 받고 입영통지서를 받은 상태
         에서 미국 시민권을 취득한 사람이다. 병역기피자란 법
         원 판단도 있고, 공연을 빌미로 병무청과 약속하고 출국
         하여, 미국 시민권을 취득한 경우라서 외국에 살면서 신
         체검사를 받지 않은 사람들의 국적변경 또는 병역기피와
         는 다른 경우이다.

김도균   이 문제가 국정감사까지 언급되어 국회의원의 질문이 있
         었는데 당시 강경화 외교부 장관은 '앞으로도 비자발급
         을 허용하지 않겠다'라고 단정적으로 답변했다.

석동현   외국인에 대한 비자발급은 법무부 장관에게 있고, 그 권한
         일부를 재외공관장에 위임하고 있을 뿐이다. 외교부 장
         관이 굳이 이 건에 대해 말하려면 '입국허가 문제는 법무
         부에서 판단하고 결정하겠지만 국무위원으로 의견을 낸
         다면 입국을 허용하는 것이 부적절하다고 생각한다.'라
         고 해야 한다.

김도균   최근 법원은 영구 입국 금지는 위법하고 절차는 제대로 지
         켜야 한다는 취지의 판결을 내놓았지만, 실질적으로 비

자를 발급하는 LA 총영사관은 비자발급에 요지부동이다. 헌법보다 무섭다는 패씸죄로 비추어질 수 있다.

석동현   법이나 행정이나 모두 국민여론을 떠나서 존재할 수는 없다. 그러나 법치주의의 원칙과 합리적 행정의 목적은 일관되어야 한다.

김도균   그렇다면 병역기피 목적으로 외국 국적을 취득한 자, 그중에서도 대중의 인기를 받는 연예인이나 유명 인사는 평생 재외동포(F−4) 비자 발급이 불가능하다는 결론에 이른다.

석동현   그렇게 단정할 문제는 아니다. 이 문제해결의 핵심은 인성에 있다고 본다. 특히, 공인에 해당하는 사람들은 자신의 언행에 대한 의무와 책임에 특별한 마음가짐이나 자세를 가져야 한다. 왜 재외동포 비자만 고집하는지도 의아하다. 단기 비자로 입국하여 진심으로 반성하고 병역에 해당하는 만큼 봉사하는 자세를 보이는 것이 문제해결의 시작이 아닐까 생각한다.

15. 미라클 작전의 아프간인과 우크라이나 고려인

김도균   지난 2021년 8월 TV에서 아프간인이 한국으로 입국하는 영상은 마치 영화 "모가디슈" 속 한 장면을 떠오르게 했다. 위기에 빠진 아프간인의 탈출시켜 국내로 직접 데리고 온 것은 이민정책에 있어 여러 가지 의미가 있다.

석동현	당시 정부는 미라클 작전이라고 명하고 우리 군용기를 현지로 파견하여 391명의 아프간인을 국내로 데리고 왔다. 아마 내전 상황에 있는 외국인을 직접 군용기로 호송한 것은 최초의 사례가 아닌가 싶다.
김도균	그럼 아프간인 391명과 2018년 제주 예멘 난민 552명은 무슨 차이가 있나.
석동현	아프간인은 2018년 제주 예멘 난민과는 다른 경우이다. 제주 예멘의 난민은 단순히 내전으로 인해 한국으로 온 사례로 난민법상 내전은 난민 인정 사유가 되지 못하며, 그들 중 정치적, 종교적 탄압을 인정받아 난민 인정을 받은 사람도 있지만 대부분 인도적 체류 허가만 받았다. 반면에 아프가니스탄은 종교, 신분, 정치 등의 사유로 박해를 받았거나 받을 위험이 명백하다는 것이고 그것도 한국 정부와 일했다는 이유로 탄압을 받을 것이기 때문에 정부가 직접 개입한 것이다.
김도균	그러한 탄압의 사유가 있다면 난민법상 난민 사유에 해당되므로 그냥 난민이라고 하면 되지 굳이 특별기여자라고 해야 하나.
석동현	정부도 상당히 고민했을 부분일 것이다. 법상 난민 자격은 되는데 이들을 난민이라고 칭하면 국민정서상 받아들이기 어려울 것이고, 정부에서 직접적인 지원을 하기 위해

서는 일반 난민과는 특별한 지위가 필요해서 궁여지책을 만든 것으로 보인다.

김도균   미라클 작전 초기에는 특별공로자라고 했다가 입국 후 법무부에서는 특별기여자라고 하고 이들을 거주비자 발급 대상에 포함시키는 출입국관리법 시행령을 개정했다. 오비이락(烏飛梨落) 같은 행정으로 보인다.

석동현   애초에 출입국관리법상 특별공로자는 영주자격 발급대상이라는 것을 간과하고 특별공로자라고 했을 것이다. 특별공로자라고 하고 바로 영주자격(F−5)을 주기가 부담스러워 영주자격 이전의 거주자격(F−2)을 주기 위해 특별기여자라는 용어를 만든 것으로 이해된다.

김도균   거주자격이라면 난민도 거주자격인데 그냥 난민으로 처우하는 것이 법대로 하는 것인데 법무부가 너무 정치권의 요구나 여론의 눈치를 보는 것 같다.

석동현   난민이 맞다. 그런데 그냥 난민이 아니라 한국 정부와 직접적인 관련이 있는 난민이라 특별한 대우를 해주어야 한다는 생각에 무리수를 둔 것이다. 아프간인 입국 시 공항행사나 진천 연수원의 황제우산 논란에서 보았듯이 아프간인의 입국과 체류를 과도하게 정치적 행사로 홍보하고 이용했다는 비난을 피하기 어렵다.

김도균　일단 입국했으니 한국 사회에 잘 적응하도록 지원해야겠지만 출입국외국인정책본부가 다른 일은 제쳐두고 전적으로 매달려 다른 업무를 소외한다는 비난도 있다.

석동현　이민정책 현안이 어찌 391명의 아프간인 지원뿐이겠는가. 정치인 출신의 장관을 모시고 일하는 부서에서 정치적 이슈가 큰 사건이라 모든 행정력을 동원했다고 보인다. 이민정책이 정치영역에 휘둘리면 안 된다. 이 사건만 보더라도 이민정책은 독립적인 기구가 설치되고, 운영되어야 한다는 것을 역설적으로 알 수 있다.

김도균　미라클 작전을 이야기하다 보니 우크라이나 전쟁 난민에 대한 이야기를 하지 않을 수가 없다. 우크라이나 난민들도 같은 맥락에서 보아야 하지 않나. 유럽 각국이나 미국뿐만 아니라 필리핀 같은 나라에서도 이들을 수용하겠다고 한다.

석동현　우리가 난민을 수용하는 데 얼마나 민감하고 국민적 찬반이 있었는지 제주 예멘 난민사태를 통해 잘 보지 않았나. 그래서 아프간 사람들의 입국도 작전을 통해 입국시키고 특별기여자라 포장하여 정책을 했는데, 우크라이나 전쟁 난민까지 수용한다면 더 큰 사회적 갈등이 발생할 것은 뻔하다.

김도균   일반 난민이야 그렇다고 치더라도 우크라이나 거주 동포
             즉 고려인들도 외면한다면 위기에 처한 동포를 버렸다는
             비난을 면치 못할 것이다.

석동현   고려인 동포들은 다른 시각으로 접근해야 한다. 우크라이
             나 전쟁이 발발하고 그곳 동포들의 입국을 위해 법무부
             가 신속하게 비자발급 간소화 조치를 시행한 것은 적절
             했다고 본다.

김도균   비자발급 간소화 조치는 환영한다. 그런데 비자는 여권이
             있는 사람들에 대한 가능한 입국 지원방안인데 전쟁통에
             여권을 준비하지 못하고 폴란드나 몰도바 등 주변 국가
             로 급히 피한 사람들도 다수 있으며, 이들은 신분증이 없
             어 한국행 비행기를 탈 수가 없다. 이들에 대해서도 미라
             클 작전만큼이나 적극적인 구제방안이 필요하지 않나.

석동현   무국적 동포들이나 여권이 없는 사람들은 재외공관에서
             여행증명서를 발급하면 간단히 해결할 수 있다. 아프간
             사태 때도 여권이 없는 아프간인들에 대해 여행증명서를
             발급했다. 동포라는 것이 확인만 된다면 신속히 여행증
             명서를 발급할 수 있다. 특히 국내에 가족이 체류 중이라
             면 얼마든지 신원을 확인할 수 있고, 일단 국내 입국하기
             만 하면 정부가 아닌 동거 가족들이 돌볼 수 있어 체류
             지원에 큰 문제가 없다. 만약 외교부에서 여행증명서 발
             급이 어렵다면, 법무부가 출입국관리법 규정에 따라 외
             국인 입국허가서를 발급하는 것도 방법이 될 수 있다.

김도균   얼마 전 정부에서 여행증명서를 발급하기로 했다는 소식을 접했는데 동포들의 입국에 숨통이 트일 것으로 본다. 재외동포기본법이나 재외동포청을 만들어 재외동포를 보호하겠다고 하는 약속보다 실질적으로 사지에 몰린 동포 한 명이라도 구하는 것이 동포 정책의 핵심이라고 본다.

석동현   우크라이나 전쟁에서 볼 수 있듯이 외교부는 상대국가와 협상해야 하는 위치이기 때문에 재외동포 그들 중에서도 외국 국적의 재외동포에 대한 직접적인 지원을 한다는 것이 어렵다는 것을 잘 보여주는 사례다. 최소한 외교부 소속의 재외동포청을 만들어 외국 국적의 동포 문제를 관장하게 하는 것은 현명하지도 않고 실효성도 없다.

16. 외국인 유권자의 지방선거 선거권[25]

김도균   국내 거주하는 외국인들은 대선, 총선, 지방선거 등 공직선거에 출마하거나 투표에 참가할 수 없다. 그러나 영주 자격을 획득하고 3년이 지난 19세 이상의 외국인에게는 참정권 중 지방선거에 투표할 수 있는 권리를 부여하고 있다. 이렇게 외국인에게 제한적이나마 선거권을 주는 것에도 부정적인 시각이 많이 있다.

석동현   외국인 유권자 비중은 1%도 채 안 된다. 외국인 관련 공약도 미미한 현실이다. 외국인의 선거권은 19세 이상 외국인 주민에게 지방선거에서만 선거권을 주기로 2001년 국회 정치개혁특별위원회에서 결정했다. 이후 2006년 제4회 지방선거 때부터 한 표를 행사하게 되었다. 이때 참여한 외국인은 6천 7백 명 정도이며, 2010년 1만 3천 명, 2014년 4만 8천 명, 2018년 10만 6천 명으로 급상승했다. 2021년 재보선 때는 4만 2천 명만 투표에 참석했는데 올해 지방선거는 얼마나 참여할지 궁금하다.

김도균 외국인의 선거권은 지방선거 즉, 지역주민으로서 권리를 행사할 수 있으나 대통령 선거, 국회의원 선거에는 유권자가 될 수 없다. 영주권을 가진 외국인이 지역의 일꾼을 뽑는다는 지방선거의 취지에 맞기에 국적을 불문하고 지역주민이라면 선거권 부여는 당연하지 않을까.

석동현 납세의 의무를 다하고 지역주민으로 등록되어 사는 외국인이라면 국민과 같은 목소리를 낼 수 있도록 하는 게 바람직하다고 본다. 그들에 대한 공론화와 관심은 선거권에 있는데 그마저도 없다면 지역 후보들이 이들의 민생을 챙길 필요가 없게 되지 않겠나.

김도균 그러나 현실은 아직 그들에 대한 수면 위 관심과 공론화는 보이지 않고 있다. 대선이나 총선은 한국 국적을 가진 국민에게만 선거권을 부여하지만, 향후 피선거권에 대한 논쟁이 발생할 것이다. 다른 나라의 외국인 투표권 현실과 우리나라와의 차이점도 고려해야 하지 않을까.

석동현	다른 나라와의 큰 차이점은 인구비례 외국인 주민의 수가 적어 그들의 목소리를 반영할 사회 분위기가 아직은 조성되지 못했다고 볼 수 있다. 외국의 경우 외국인 주민에게 최소한의 참정권을 부여한 나라는 45개국 정도이다. 영국의 경우 지방선거권을 영연방 출신의 등록외국인 또는 아일랜드 일부 시민에게 부여하고 있다. 유럽연합(EU) 회원국은 1992년 유럽 통합을 위한 마스트리흐트 조약을 계기로 일정 기간 유럽연합회원국에 주소지를 갖고 살았다면 지방선거 투표권을 행사할 수 있도록 한다. 호주는 특이하게 시민권을 보유하지 않은 일부 이주민에게도 투표권을 부여하고 있다.
김도균	우리나라는 아직 외국인 주민이나 이민자에 대한 공약도 부족해 보인다.
석동현	일정 조건을 충족한 외국인에게 지방선거권을 주는 나라는 점점 늘고 있으며, 독일, 캐나다 등 이민자의 비중이 큰 나라의 경우 그들이 선거 결과를 가르는 변수로 작용하면서 관련 공약도 많아지고 있다. 우리나라는 아직 선거에 영향을 미칠 정도는 아니지만, 간혹 다문화가정에 대한 구색 맞추기 공약은 볼 수 있다.
김도균	향후 외국인 주민의 피선거권은 계속 확장될 수 있을지 축소될지는 정치권 이해득실과 국민의 공감대가 관건이 될 것이다.

석동현　선거권 기준확장에 따른 쟁점을 몇 가지로 축약해 볼 수 있다. 한국은 영주권 취득 후 연 후 지방선거권을 부여하는데 3년은 다른 국가에 비해 쉽게 선거권을 부여하고 있다는 점으로 거주기간을 강화해야 한다는 논쟁이 있을 수 있다. 두 번째, 선거인명부에 등록 또는 신청에 관한 것으로, 어느 지역에 외국인의 거주 규모가 어느 정도인지 관리하는 것은 국가의 운영수준에서 필요하다. 작은 규모의 지방선거라 하더라도 특정 국가가 의도하여 선거에 개입할 경우 외교 문제를 발생시킬 수도 있다. 세 번째, 외국국적 동포에 관한 것으로 이들은 한국 국적을 취득하기보다 현재 보유하고 있는 국적 유지가 장기적으로 유리하다는 인식이기에 지방선거권을 부여하게 되면 사회통합을 이루는 데는 한계가 있다. 마지막으로 지방선거권 부여가 향후 피선거권 부여 등으로 확대하고자 한다면 사회통합의 중요성이 강조되는 사회 분위기에서는 난민 유입, 특정 국적 외국인의 증가 등 출신 국가의 과다 세력화 가능성에 대한 반감 및 정치성 등을 고려해야 한다.

김도균　결론적으로 현재 수준의 참정권은 유지하되 확장하는 안은 신중해야 한다는 말로 정리하겠다.

17. 국회의원에 출마하세요.

김도균　2020년 미국 연방의회 하원 의원 선거에서 한국계 4명이 당선되어 큰 화제가 되었으며, 아메리칸 드림이 이루어졌다고 기뻐하였다. 우리나라 국회의원 선거에서도 이런 모습을 볼 수 있을까.

석동현　미국이니까 가능하지 않았을까. 아직 이민의 역사가 얼마 되지 않은 우리나라에서 이민자 출신이 국회의원으로 당선된다면 그 자체로 큰 의미가 있을 수 있다.

김도균　연방의회 의원으로 당선되었다는 것은 아시아계 이민자 출신으로 얼마나 힘든 역경을 딛고 일어섰는지 말하지 않아도 알 수 있다.

석동현　130여 년의 역사를 가진 한국계 미국인 사회는 미국에서 중국, 인도, 필리핀, 베트남 다음으로 크다. 한국인 특유의 부지런한 성향으로 소득수준은 전체 미국의 상위권에 다수가 속하며, 높은 교육열로 인해 고학력자가 많으나, 짧은 역사와 언어문제 및 2, 3세대의 비율도 적어 주류사회편입은 굉장히 힘들었다. 이러한 환경 속에서 연방의회 의원으로 당선된 것은 격려와 지지를 해야 한다.

김도균　우리 역사에서도 이민자가 중앙정치에 중추적인 역할을 하던 시절이 있다. 신라의 처용(아랍인), 고려의 쌍기(중국 후주), 화산 이씨의 시조인 이용상(베트남), 조선 건국의 주역 설장수(위구르족), 조선의 대과학자인 장영실(다문화 자녀) 등 셀 수 없이 많다. 현재의 대한민국에는 성공한 이민자 찾기가 어렵다.

석동현   21세기 대한민국에서 이민자로서 활약한 사람을 꼽는다면, 한국관광공사 사장 이참(독일계 귀화자), 19대 한나라당 비례대표 국회의원 이자스민(필리핀계 귀화자), 2010년 한나라당 비례대표 경기도의원 이라(몽골계 귀화자)를 대표로 들 수 있지만, 중앙 정치무대에서 두각을 내는 경우는 매우 드물다.

김도균   국회의원, 시의원 등 선거에서 이민자를 정치적 표로 의식해 영입하고 활용할 뿐이고 실제로 이민정책 전문가는 한 명도 국회에 입성하지 못했다.

석동현   아메리칸 드림은 관심과 기쁨이 되지만 코리안 드림의 현주소는 어디에 있는지 깊은 고민을 해야 한다. 한국계 외국인이 외국에서 성공하면 축하하고 자랑스럽게 생각하면서, 외국계 한국인이 정치무대로 등장하면 인정하지 않으려고 한다. 이중적이다.

김도균   코리안 드림을 실현하는 것은 정치권에서도 필요한 일이지만 구색 맞추기용 얼굴마담은 오히려 국민들의 반감을 산다. 제대로 성공하고 실력 있는 이민자가 나서야 하는 것 아닌가. 그런 점에서 이민 1세대보다는 한국 사회에 완전히 적응한 2, 3세대의 역할이 더 중요할 것으로 본다.

석동현   이민의 역사가 짧은 우리나라 정치에서 이민자 2.3세대가 활동하기는 아직 때가 이르다. 대신 이민정책 전문가가

직접 입법과 정부 정책에 관여할 수 있도록 길을 내야 한다. 이 또한 이민 강국으로 가는 지름길이기도 하다

18. 인사가 만사다

김도균   실질적으로 이민정책을 총괄하는 법무부 출입국·외국인정책본부에 작년에 최초로 내부인사가 본부장으로 승진했다. 과거에는 검사장 출신의 본부장이 잠시 머물다가는 자리로 인식되어왔다. 이민정책의 책임자로 어떤 사람이 적합할까.

석동현   급변하는 국제이주 사회에서 돌발적이고 다양한 이민자의 상황에 대처하기 위해서는 리더의 전문성은 무엇보다 중요하다. 그동안 외교관, 검사, 변호사 출신이 번갈아가면서 출입국 본부장으로 직무수행을 하였으나 이민정책은 단순히 법과 외교적 측면에서만 볼 수 없는 범국가적 차원의 정책과 실행이 이루어져야 하는 점을 참고하면 첫째도, 둘째도 전문성이 우선이다.

김도균   석 변호사님도 현직 검사 신분으로 본부장을 역임하지 않았나. 당시에 직원들에게 인기도 좋았고 획기적인 정책을 많이 추진했는데 검사라서 본부장을 맡으면 안 된다고 보는가.

석동현   현재 법무부 인사규칙에 출입국·외국인정책 본부장은 검사 또는 고위공무원으로 임명한다고 규정하고 있다. 문

재인 정부가 들어서고 법무부의 탈검찰화가 화두가 되면서 검사의 법무부 근무를 많이 제한하고 있지만, 이는 어디까지 인사권자의 영역이다.

김도균 문제는 어떤 출신은 되고, 어떤 출신은 안된다고 미리 선을 그을 필요는 없다고 본다. 검사든 내부인사든 능력이 있다면 적재적소의 인사원칙으로 인사를 낼 수 있다고 본다.

석동현 그렇다. 실질적으로 이민정책수장 역할을 하는 본부장은 출신 성분보다는 능력을 우선순위에 두어야 한다. 그래도 오늘날 이민정책이 다양하고 전문적인 영역으로 변했다는 것을 감안 하면 현직 검사가 다시 본부장을 맡는 것은 부적절하다고 본다.

김도균 문재인 정부에서 이민정책이 후퇴한 것은 역량이 부족한 변호사 출신을 내 사람이라는 이유로 본부장으로 임명하면서 예상된 결과라고 본다. 인사의 실패가 정책의 실패로 이어진 것이다.

석동현 관례적으로 본부장의 임기가 2년이었는데 문재인 정부 초기에 임명된 사람이 3년을 훌쩍 넘기고 후임을 제대로 임명하지 못한 것은 인사의 실패다. 당시 법무부가 검찰과 힘겨루기한다고 출입국 인사에 관심을 둘 수가 없었겠지만 스스로도 용퇴할 수 있었는데 자리에 연연하다 보니 여러 가지 엇박자가 난 것이다.

| 김도균 | 이제 새 행정부에서는 이런 사례가 생기지 않도록 세심하고 공정한 인사를 해야 한다. |

석동현 본부장이 법무부 장관의 참모로만 인식되어 스스로 거취와 역량을 제대로 발휘하지 못하는 인사는 이제 끝내야 한다. 인사가 만사가 되어야 한다.

김도균 지금이야 본부체제이니 본부장이지만 이민 전담부서가 만들어지면 이민청장이나 처장이 될 수 있다. 이렇게 조직이 새롭게 개편되는 경우에도 내부인사가 계속해서 거대 조직을 이끌 수 있을까.

석동현 이민정책이 인구정책의 핵심으로 떠오르고 지방정부와의 협치가 화두가 되면 현재 출입국외국인정책 조직의 확대 개편은 불가피하다. 그런 컨트롤타워의 선장은 정무적인 감각과 실무능력을 두루 갖춘 사람이 조직을 이끌어야 할 것이다. 굳이 내부 외부를 나누어 정하는 것보다 적재 적소가 인사의 대원칙이지 않은가.

19. 이민정책의 전담조직 부재

김도균 모든 정책에서 인사만큼이나 중요한 문제가 조직이라고 본다. 현 이민정책은 법무부의 출입국외국인정책본부 중심으로 이루어지고 있는데, 대구광역시 인구에 해당 하는 체류 외국인 관리와 난민, 불법체류자, 동포 문제를 해결하고 무엇보다도 인구정책의 대안인 이민수용을 총괄적으로 기획하고 집행할 컨트롤타워는 아니라고 본다.

석동현 전적으로 공감한다. 한마디로 현재 우리나라는 이민정책을 전담하는 정부조직은 없다고 할 수 있다. 이민강국으로 가기 위해서는 제일 먼저 해결해야 할 일이지만, 각 부처는 보여주기식 실적 위주의 정책추진에 매몰되거나 사각지대는 서로 핑퐁을 친다. 이로 인한 예산 낭비나 정책의 협업은 기대할 수 없고, 서로 밥그릇 싸움만 한다고 비난받아도 할 말이 없을 것이다.

김도균 이민정책의 주관부서인 출입국외국인정책본부가 법무부 소속이다 보니 검찰 업무에 중점을 둔 장관이나 차관이 제대로 신경을 쓰지 못하는 것도 주요 원인이 아닌가.

석동현 이민정책은 종합적이고 미래지향적인 안목으로 기획해야 하는데 법무부는 과거 범죄에 대한 정의 실현이 우선이고 법과 원칙에 따라 국민의 안전을 지키는 것을 부처의 존재 이유로 삼는다. 이민정책을 법무부가 직접 펼치기에 한계적인 성격이 있음을 부정하지 않는다.

김도균 그렇다면 이민정책을 법무부에서 떼어 내야 하는 게 아닌가.

석동현 그게 그렇게 간단한 문제가 아니다. 이 책의 3장에서 조직 구성에 대한 상세한 논리를 제공하겠지만 정부조직은 그 기능과 역할이 엄격히 구분되어 있고 그 배경과 역사를 본다면 하루아침에 바꾸기 어려운 게 정부조직이다.

김도균   하지만 지난 문재인 정부에서 법무부 산하의 출입국외국인정책본부가 제대로 된 이민정책을 수립하거나 집행하지 못한 것은 결국 전담조직의 부재가 원인이라고 본다.

석동현   현재 이민정책은 여러 부처에서 분산되어 있다. 여성가족부는 다문화가정, 고용노동부는 외국인 근로자, 외교부는 재외동포, 행정안전부는 외국인 주민, 법무부는 난민과 출입국 등 이민자를 둘러싼 문제는 다양하고 복잡해지는데 이를 책임지고 총괄하는 전담조직의 부재는 이민정책의 실패로 이어질 수밖에 없다.

김도균   미국과 캐나다 등 주요 선진 이민 국가는 최소 청 단위 기관의 이민정책 전담조직을 갖추고 있다. 가까운 일본만 하더라도 2019년 국(局) 단위 조직에서 청(廳) 단위 조직으로 확대·개편되면서 이민자의 관리 및 인구 유입정책에 집중하고 있다. 우리가 너무 늦는 것 아닌가.

석동현   한국은 법무부 내 출입국외국인정책본부 조직이 있지만 2천여 명의 담당 공무원이 250만 외국인의 출입국관리와 난민, 계절 노동자, 결혼이민자, 투자 이민, 해외 우수 인재영입 등 주요 사안을 아우를 여력이 없다.

김도균	담당 공무원 1인당 1천 명이 넘는 외국인 대상 업무수행을 하는 형편인데 인력을 좀 보강하면 형편이 나아질까.
석동현	인력은 꾸준히 증가했는데 공항의 출입국 심사관 위주로만 증원이 되었다. 알다시피 인력증원을 담당하는 행정안전부의 조직 담당 부서는 공무원 증원에 결사반대이다. 이러한 현실에서 조직의 판을 새로 짜야 하는데 부처 내에서조차 힘을 얻기가 어려운 구조라 안타깝다.
김도균	그렇다면 현실적으로 어떤 조직을 어떻게 만들어야 하는지 각론으로 들어가 보면 의견들이 분분하다. 청, 처, 부 단위의 조직도 있고, 소속부서를 어디로 해야 하는지 쉽게 결론 내기가 어렵다.
석동현	우선은 이민부를 생각할 수 있지만, 거기까지는 어려울 것이다. 대안으로 생각하는 것이 국무총리 산하의 처를 생각할 수 있다. 과거 10년 동안 이민정책 컨트롤 타워를 위해 고용부, 여가부 등과 협의하였지만 부처 간 합의에 실패한 경험이 있다.
김도균	국무총리 산하라면 다른 부처에서도 각자의 업무를 내놓고 합칠 수 있고 관련 법 개정이 비교적 쉽다는 장점이 있어 보인다.
석동현	출입국관서라는 전국단위의 집행부서를 가진 조직을 처로 하기에 어려움이 있을 수 있다. 물론 식약처 같은 모

델도 있기는 하지만 말이다. 그렇다면 가장 현실적 대안으로 부 산하의 청 단위의 조직을 만들 수밖에 없는데, 이 경우 꼭 법무부 산하를 고집할 필요 없다고 본다.

김도균 이민정책의 한 부분을 담당하는 여성가족부의 다문화가족 정책도 고민해야 한다. 여성가족부가 폐지된다면 이 업무를 어떻게 조정해야 하는 지도 고민해야 한다.

석동현 여성가족부 폐지 공약도 고려사항이 될 수 있는데, 여성가족부에서 부수적으로 추진하고 있는 다문화가족 정책은 이민정책 전담부서로 넘겨야 한다. 인구청, 동포청, 이민청을 합쳐 새로운 부를 신설하는 것도 대안이라고 생각한다. 어떤 경우라도 조직은 정책 기능과 효율성을 중심으로 해야지 부처의 이익이나 특정한 집단의 자리를 위해 만들면 또다시 여성가족부와 같은 갈등은 피할 수 없다.

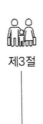

제3절

대응과 공존의 이민정책

　다양한 국적과 인종, 장기 또는 단기체류자격을 가진 외국인의 유입 속에 돌발적이고, 다변화하는 이민정책의 현장을 알 수 있다. 우리는 언론을 통해 갑작스러운 입국, 합법적 또는 불법적 체류 등 다양한 체류 현상을 접하고 있다. 특히, 다문화가족, 난민에 대한 정착지원은 국민적 관심과 역차별에 대한 논란이 일고 있다. 그래서 정부에서는 국민과 외국인 간의 소통과 존중 및 배려에 대해 정책을 신중하게 선택하여 추진하는 것을 알 수 있다. 본 절에서는 한국 사회의 다양하고 돌발적인 이민의 현장에서 일어나는 문제를 해결하기 위한 대응정책과 국내 체류 외국인과 더불어 살아가기 위한 존중과 배려의 공존정책을 사례별로 살펴보고, 재한외국인의 한국사회 정착과정에서 일어나는 소소하지만 결국은 함께 해야 할 이웃들의 울고 웃는 이야기들을 담았다.

1. 뉴욕타임즈가 본 한국의 불편한 진실

우영옥 2014년부터 대구 경북대 인근 주택가에 파키스탄 사람들이 모여 종교행사를 시작하면서 갈등은 예고되었다. 주택가 한가운데 수십 명이 모여 이슬람 예배를 보다가 아예 주변 주택을 매입해 이슬람 사원을 짓기로 했다. 경북대 유학생 중심으로 건축비용을 위한 기부금을 모았고 구청에서 건축허가도 받았다. 그런데 지역주민의 반대로 아직 공사가 진행되지 못하고 있다고 한다.

김원숙 언론을 통해 관련 소식을 접했다. 청와대 국민청원에 주거밀집지역에 이슬람 사원을 반대하는 청원이 올라오고 2만여 명이 청원에 동의하고 집단행동에 들어가자 건축허가 기관인 대구 북구청이 공사중지 명령을 내린 것으로 안다.

우영옥 합법적으로 취득한 건축허가를 지역주민의 민원으로 공사중지를 내리는 것이 합당한가.

김원숙 그래서 이들은 행정소송을 제기했고, 법원에서 공사중지 처분을 취소하라는 판결을 내렸다. 관련 법률에 의거하지 않고 집단 민원을 이유로 공사중지 처분을 한 것은 법치 행정에 반하는 것이다.

우영옥 지금도 여전히 공사는 중단된 상태이며, 지역주민들이 진입로를 차단하고 물리력을 동원하여 사원 건립을 반대하고 있다. 주민들 입장은 단순한 NIMBY(Not In My Back Yard) 현상26이 아니라 사원이 들어서면 소음과 악취 등 생활 불편 외에도 지역이 이슬람화되고 급기야 집값이 떨어진다고 주장하고 있으며, 애당초 주민과 협의하지 않고 건축허가가 난 것은 위법이라고 한다.

김원숙　해당 지자체도 곤란한 상태다. 건축법상 하자가 없어 달리 공사를 막을 방도가 없어 주민과 갈등을 봉합하기 위해 임시방편으로 공사중지 통보를 했으나, 행정심판이나 법원에 가면 100% 진다는 것을 잘 알고 있다고 한다. 그래서 대안으로 건축 규모를 축소하고 주변 시설을 보완하는 방안으로 합의를 추진하고 있다고 한다.

우영옥　이것은 지방의 작은 종교시설에 대한 갈등으로 보이지만 우리 사회가 이슬람과 이주민에 대한 인식이 어떤지 잘 보여주고 있으며 또한, 이런 갈등을 어떻게 풀어나가야 하는지 보여주는 사례다.

김원숙　지난 3.2자 뉴욕타임즈가 이 사건을 기사화했다. "How Multiculturalism Become a Bad Word in South Korea(한국에서 다문화주의가 나쁜 단어가 된 방법)"이라는 제목으로 지역민과 무슬림 학생들이 겪고 있는 갈등을 소개했다. 뉴욕타임즈는 대한민국의 음악과 자동차, 스마트폰이 전 세계인들에게 인기가 높고 어느 때보다 세계적인 영향을 누리며 해외에는 성공적으로 문화를 수

출했지만, 국내에서는 다른 문화를 받아들이는데 더디다고 따끔한 충고를 했다.

우영옥   그런데 여기서 우리는 단순히 지역주민이 다문화를 제대로 이해하지 못해 차별과 혐오가 생겼다고 말하기도 곤란하다. 그들에게 종교적 또는 이주민에 대한 차별적 감정보다는 익숙하지 않은 것에 대한 두려움과 재산상 불이익을 걱정하는 것도 이해해야 한다.

김원숙   그래서 필요한 것이 상호문화 이해 교육이라고 생각한다. 이주민이 낯설지 않고 다른 종교가 두려운 존재가 아니라, 같이 어울려 살아야 하는 이웃이라는 것을 인정한다면 이런 극단적인 사건은 생기지 않았겠지만, 우리 현실은 아직 거기까지 미치지 못하고 있다.

우영옥   다문화나 이민수용이 더 확대될 것인데, 이런 갈등을 치유하기 위하여 지자체와 시민단체의 통합노력이 절실하다. 법이나 주먹으로 해결할 수 있는 문제가 아니다.

2. 제주 예멘 난민 사건의 교훈

우영옥   714,875명.[27] 이는 청와대 국민청원에 제주 예멘 난민을 반대하는 데 동의한 참여자 수로 그 당시 국민청원 중 최고기록을 세웠다. 제주 예멘 난민 사건이 이민정책에 있어 중요한 의미가 있는 것은 이러한 국민적 관심이 증폭된 사건이 드물었기 때문일 것이다.

김원숙 외국인이 관련된 사건으로는 10명이 숨지고 17명이 부상한 2007년의 여수보호소 화재사건 다음으로 큰 사건이 아닌가 싶다. 그런 의미로 제주 예멘 난민 사건을 다시 한번 기억해 보는 것도 의미가 있다.

우영옥 2017년 말레이시아와 제주도 간 비행기 직항편이 개설되면서 2018년 1~5월 사이 552명의 예멘인이 내전을 피해 제주로 와서 난민을 신청했다. 2명은 난민 지위를 부여받았고, 412명은 인도적 체류 허가를 받았다. 그 과정에서 무슬림에 대한 온갖 소문들이 난무하고 국민적 관심으로 찬반 논란이 뜨거웠다.

김원숙 그렇다. 과연 2018년 제주에서 불어온 난민태풍은 어찌 되었나. 일부 주장대로 예멘 난민들은 온갖 범죄에 가담하고 있으며, 지역주민들은 무서워서 외출을 꺼리고 있는가.

우영옥 무소식이 희소식이라고 할까. 아직 까지는 예멘인들이 범죄를 저질렀다는 뉴스를 접하지 못했다. 난민을 반대하는 사람들은 외국인을 난민으로 받으면 집, 생계비 등 많은 예산이 투입되고 결국 우리 세금으로 난민을 먹여 살리는 것 아니냐는 우려의 목소리도 있었다.

김원숙 난민신청을 하면 생계비를 지급할 수 있긴 하다. 그러나 예산이 한정되어 있어 주거 지원을 받는 난민이라면 한

달에 20만 원 정도밖에 되지 않는다. 더구나 취업한 난민에게는 주지도 않는다.

우영옥　결국 난민을 신청하는 사람은 우리 정부로부터 직접적인 지원보다 국내에서 취업하면서 살고자 하는 사람들이라고 해야 한다. 한국에서 살 수 있는 비자와 취업 허가 즉, 행정적 지원만 한다 해도 과언이 아니다. 물론 아프간 입국자들처럼 특별기여자로 인정되면 특별한 지원이 있기는 하지만 일반 난민들은 꿈도 꿀 수 없다.

김원숙　2012년 2월 난민법 제정 후 10년의 세월이 지났다. 한국 사회에 정착하는 난민은 꾸준히 늘고 있다. 우리는 예멘 난민, 아프간인 특별기여자 등 난민에 관한 관심과 사회 분위기도 바뀌고 있다.

우영옥　난민에 대한 이해를 제대로 하기 위해서는 우선 우리 국민에 대한 상호문화이해 교육이 있어야 한다. 교육에 있어서 난민 문제는 한마디로 공존공영과 역지사지를 말하고 실천하면 된다. 틀림이 아닌 다름을 인정하는 세계시민 교육의 중요성이 강조된다.

김원숙　제주 예멘 난민 사건이 발생했을 때 정부는 난민 문제를 근본적으로 해결하기 위해 여러 방안을 제시했다. 대표적인 것이 난민신청 오남용을 방지하고, 신속한 심사 및 불복절차를 위해 독립적인 난민위원회와 난민전담 법원

을 설치한다는 것이었는데, 겨우 법무부 내에 난민심의
과를 설치하는 것으로 마무리되었다.

우영옥   난민 문제도 이민정책의 한 분야로 포함은 되나 성격은 전
혀 다르다. 이민이 국가의 주권행사라면 난민은 국가의
의무사항에 가깝다. 현재 우리나라에 넘쳐나는 난민신청
은 난민협약상 난민보다는 경제적 사유에 의한 신청이
주를 이룬다. 이는 경직된 체류 관리가 난민신청과 불법
체류를 양산하는 측면이 있음을 부인하지 못할 것이다.
지금이라도 협약상 난민을 보호하면서 이민현장이 왜곡
되지 않도록 합리적 체류 관리 정책을 시행해야 한다.

3. 5월 20일은 세계인의 날

우영옥   대한민국에 세계인의 날이 있다. 5월 20일이 세계인의 날
이라고 하면 그런 기념일이 있냐고 의아해하는 사람들이
많다.

김원숙   세계인의 날은 국민과 외국인 주민이 서로 존중하며 더불
어 살아가는 사회환경을 만들자는 취지로 2007년 7월 18
일 아시아 최초로 시행되어 현재에 이르렀다. 2007년 제
정된 재한외국인 처우 기본법에 근거하여 매해 5월 20일
은 세계인의 날, 이로부터 1주일은 세계인의 주간으로 정
하였다.

우영옥 유엔은 2002년 5월 21일을 세계문화 다양성의 날로 제정 하였으나, 우리나라는 이날이 부부의 날로 겹쳐 하루 전 날인 5월 20일로 정해 2014년부터 시행하고 있다.

김원숙 그 기간에 이민정책의 방향, 외국인의 처우, 문화교류, 자 원봉사 등 대상별, 정책별 학술세미나가 개최되기도 한 다. 이민정책 추진에 있어 좋은 아이디어와 방향을 제시 하는 긍정적인 측면이 있다. 또한, 국가별 네트워크를 통 해 이민자의 목소리를 듣고 선주민과 이주민이 함께하는 기회이기도 하다.

우영옥 1980년대 중반 국내 외국인 주민은 4만여 명이었으며 대 부분 재한 화교였다. 2000년 50만 명, 2007년 100만 명, 2016년 200만 명, 마침내 코로나 −19 이전인 2019년 말 엔 250만 명이 넘었다. 이는 우리나라 전체 인구의 3.1% 에 해당하며, 세계인이 공존하는 사회임을 알 수 있다. 재한외국인 처우 기본법이 등장한 배경이다.

김원숙 재한외국인 처우 기본법은 정부와 지방자치단체가 외국인 주민에 대한 정책을 수립하여 시행할 것을 의무화한 법이 다. 대한민국에 거주하는 외국인과 그의 자녀를 대상으로 사회적응에 필요한 한국어, 생활 정보, 상담 및 다문화 이 해 증진을 위한 내용을 규정하고 있다. 언어와 문화가 다 른 사람들과의 소통과 이해를 증대시켜 갈등과 차별을 감 소시키는 방법의 하나가 세계인의 날이라고 본다.

우영옥	미국 미시간대학교 경제학자 스콧 E. 페이지(Scott E. Page) 교수는 다양성이 능력을 이긴다고 했고, 영국의 저널리스트 그레그 재커리(Greg Zachary)는 다양성이 나라의 건강과 부를 결정 짓는다고 하였다.

김원숙	문화 다양성이 주는 힘은 무궁무진하다. 이러한 점에서 착안하여 세계인의 날을 미래 공존과 번영을 위한 축제로 개발하고 활용하여야 한다. 세계인의 날이 다양성을 인정하고 존중하는 다문화사회로 가는 진정한 축제가 되기를 바란다.

4. 베트남 처녀와 결혼하세요.

우영옥	2000년대[28] 국제결혼의 붐이 일기 시작하여 농어촌 마을 입구에 베트남 처녀와 결혼하세요! 란 현수막이 여기저기 걸렸을 때가 있었다. 그때부터 입국한 결혼이민자가 2020년에는 16만 9천 명에 이른다. 그중 13만 8천 명은 이미 국적을 취득해 우리 국민이 되었다. 그런데 그 결혼이민비자 취득과 귀화 과정이 결혼이민자에게는 고단하기 그지없다.

김원숙	일부 국제결혼중개업체의 불법적 개입과 결혼이민자의 인권 보호에 정부가 제대로 대응하지 못해 국제(인신)매매혼이라는 비난이 끊이지 않았다. 역으로 한국인 배우자들의 피해 사례도 끊이지 않는다.

우영옥　　국제결혼은 대부분 국제결혼중개업자를 통해 이루어진다. 하나의 사례를 예를 들면 국제결혼 관련 정책을 쉽게 이해할 수 있다.

"한국인 남성이 국내 결혼중개업자와 국제결혼 진행계약을 맺고 베트남으로 출국했다. 베트남에서 2~3일 동안 20여 명의 여성과 맞선을 보고 통역인과 함께 베트남 여성과 데이트한 후 결혼을 결심, 마침내 베트남 여성의 집을 방문해 장인, 장모께 허락을 받았다. 4일째 되는 날 현지에서 결혼식을 치르고 신혼여행을 다녀온 다음날 한국으로 먼저 돌아왔다. 한국과 베트남 양 국가에 혼인신고를 한 부인은 약 5개월 후 한국인 남편의 초청으로 한국에 입국했으며, 입국 당시 신부는 임신한 상태였다. 딸을 낳았고, 3년여를 잘 살았으나 문제가 발생하였다. 아이가 한국인 남편을 닮지 않았다는 주변 사람들의 말을 자주 듣다 보니 고민 끝에 부부는 합의하여 친자확인 유전자검사를 하게 되었다. 결과는 한국인 남편의 자녀가 아니라고 나왔다. 베트남 부인은 베트남에서 결혼을 약속한 사람의 아이임을 고백하고 이혼 후 딸을 데리고 베트남으로 돌아가겠다고 통보한 후, 베트남 부인은 아이와 함께 가출하고 잠적해 버렸다. 한국인 남편은 이런 연유로 호적 정리를 위해 법적 절차 등 모든 책임이 자신 일로 남아 심적 고통과 경제적 손실은 이루 말할 수 없게 되었다."

김원숙   현장을 다니다 보면 안타까운 사연들이 많다. 과거보다는 많은 부분에서 개선이 되긴 했지만, 인권을 최우선으로 국격에 걸맞은 결혼이민 정책을 펼쳐 나가야 한다. 그런 이유로 2010년부터 국가가 국제결혼 관련 문제에 대해 적극적으로 개입하기 시작했다.

우영옥   국제결혼의 피해를 예방하기 위해서는 결혼비자 발급절차가 투명하고 합리적이어야 한다. 결혼비자 신청이 많은 주베트남한국대사관에는 아직 비자전담 영사가 없다. 재외공관에서부터 제대로 된 심사가 필요하다.

김원숙   민간이나 지자체에서도 국제결혼의 내실화를 위해 절차의 투명성을 확보하고 결혼 비용을 현실화하는 등 전문 상담 지원체계를 만들어야 한다.

우영옥   아이 울음소리가 사라진 농촌에서 그나마 들을 수 있는 아이 소리는 결혼이민자의 자녀라고 한다. 필리핀 댁이 마을 이장을 맡아 마을의 대소사나 어르신들 모시는 일을 훌륭하게 해내기도 한다.

김원숙   필리핀 출신의 국회의원에서 마을 이장까지 결혼이민자가 할 수 있다. 그래도 그들은 자신의 선택으로 이민을 왔고, 피나는 노력으로 성공하기도 하고 중개업소의 횡포나 가정불화로 한국생활 정착에 실패하기도 한다. 모두 다 사람의 일이지만 정책이 관여할 부분이 많다.

5. 미나리와 완득이

우영옥 최근 우리는 미디어 속에서 외국인을 자주 볼 수 있다. 예를 들면, 세계 각국의 젊은이들이 하나의 주제를 놓고 토론을 벌이는 '비정상회담', 결혼한 외국인들이 한국 사회에 적응하고 소통하기 위해 노력하는 과정을 그린 '이웃집 찰스', 난생처음 한국을 방문한 외국인들의 한국 여행기 '어서 와 한국은 처음이지?' 등이 있다. 이러한 프로그램은 다름의 존중, 인종차별, 공존, 포용, 배려라는 다양한 용어를 떠올리게 한다.

김원숙 그럼에도 여전히 다수의 국민은 동남아권에서 온 가족은 다문화가족, 유럽이나 미주권에서 온 가족은 글로벌 가족이란 용어를 사용한다. 2011년 "완득이" 10년 후 2021년 "미나리" 영화를 통해 이민자와 그 가족들의 생활을 간접 경험할 수 있다.

우영옥 과거 '시커먼스'란 코미디프로그램이 있었다. 1980년대 이전 우리 사회가 인간의 피부색이나 인종에 따라 다르게 평가하는 그 자체를 중요하게 여기지 않았다. 그때는 검은 것에 대한 부정적이고 낮은 신분이라는 가치를 암묵적으로 용인하는 시절이었으며, 흑인에 대한 차별적 시선이 그들의 존엄성을 박탈한다는 결과까지는 인지하지 못한 시절이었다. 이 프로그램은 1988년 서울 올림픽대회를 앞두고 폐지되었는데, 그 이유는 세계 각국에서

흑인선수들이 입국하므로 국제적으로 인종차별 문제가
될 수 있기 때문이었다고 한다.

김원숙   심지어 2005년까지는 외관상 혼혈인의 경우 용모를 이유
로 군에 입대하는 것도 불가능했다.[29] 우리는 서양인이
동양인을 향해 눈을 찢는 손짓을 하거나, 일본인이 한국
인에 대한 차별에 분개하면서도 정작 우리가 행하고 있
는 차별적 언행에는 둔감하다.[30]

우영옥   2001년 출범한 국가인권위원회의 인종차별에 대한 인식
과 감수성 개선을 위한 노력에도 한국 사회는 요지부동
이었다. 이후 한국문화 즉, 한류가 전 세계적으로 알려지
고, 빈번한 국제이주로 이주민들의 본격적인 정착이 이
루어지면서 인종차별적 언행에 대한 문제인식이 조금씩
퍼지기 시작했다.

김원숙   우리의 인종차별적 감수성을 영화 속에서도 찾아볼 수 있
는데 "방가방가", "할머니는 1학년", "완득이" 등 동남아
시아인은 늘 도와줘야 하는 안타까운 존재로 인식하면서
유럽·미주인들은 닮고 싶은 동경의 대상으로 인식하고
있다는 것이다.

우영옥   지금도 여전히 이러한 인식은 존재하고 있다. 그러한 인
식은 국민 개개인의 성향에 따라서도 다르게 작용한다.
과거 우리 국민이 해외로 이주했던 것처럼 국적, 인종을
불문하고 한국으로 이주한 사람들도 개인의 꿈과 삶의

목표를 이루고, 잘 살고 싶어 낯선 땅인 우리나라로 이주
해 왔다고 이해해야 한다.

김원숙   우리는 한국사회의 타자로 살아가는 경험을 2011년 완득
이를 통해 느낄 수 있었는데 이후 10년 만에 미나리를 통
해 미국 사회에서의 타자로 살아가는 경험을 볼 수 있었
다. 두 영화는 국제이주 시대에 새로운 곳에 정착해서 문
화와 언어가 뒤섞이면서 새로운 형태의 삶을 만들어가는
사람들이 우리와 아주 가까이 있다는 걸 알게 해준다. 두
영화 속 가족구조가 다른 듯 같다고 볼 수 있다. 완득이는
필리핀 어머니의 존재가 낯선 것이었다면, 미나리는 한
국에서 온 할머니의 존재가 미국 사회에 이미 동화된 가
족에게는 낯선 존재다.

우영옥   다른 이야기이긴 하지만 완득이에 출연했던 필리핀 출신
의 이자스민은 인지도가 높아져 이후에 비례대표 국회의
원까지 했으나 의정활동에서는 그다지 빛을 보지 못했던
점이 아쉽기도 하다

김원숙   이 영화를 통해 우리는 한 사회가 가지고 있는 쓸모에 대
해 이해할 필요가 있다. 그 쓸모는 사회마다, 시대마다
다 다르게 해석된다. 즉, 어떤 사회에서 인정되었던 쓸모
는 다른 사회에서는 쓸모없는 경우가 될 수 있다. 한 사
회에서 이주민으로 살아간다는 것은, 그 사회의 경계인
또는 타자로서 스스로 무력감을 마주하기도 하고, 뜻밖
의 기회로 성공적인 삶을 살기도 한다. 우리는 이러한 쓸

모의 가치가 무수히 발견될 수 있도록 기회를 제공하는 건강한 사회가 되어야 한다.[31]

6. 이민 · 다문화사회 전문가는 어디에 있는가?

우영옥　이민과 다문화는 필수적으로 결합할 수밖에 없다. 현재 우리나라는 전담부서 없이 부처별로 다양한 정책과 사업을 추진하고 있으나 현장적용의 효과 측면에서 차이가 있다. 포괄적으로 활용될 수 있는 정책과 제도는 이민자 개개인의 경우에 적합하지 않을 수도 있으며, 이민자가 행정절차와 법을 잘 모르기에 직접 처리하기에는 매우 어려울 것이다. 이럴 때 법무사, 변호사, 행정사의 도움을 받지만, 법과 제도가 아닌 살면서 해결해야 할 일들은 가까운 이웃에게 도움을 받거나 지역 전문가의 도움이 필요하다.

김원숙　법무부는 이민자 또는 국민의 긍정적인 이해관계를 개선하고 법과 제도 내에서 이민자에게 밀착 서비스를 제공하기 위하여 출입국관리법에 명시하고 2008년부터 전문가 양성을 제도화하였다. 그렇게 탄생한 것이 다문화사회 전문가이다.

우영옥　다문화사회 전문가는 전국의 대학(원) 및 사이버대학 등에서 앞다투어 과정으로 개설하면서 2021년 배출된 인원은 약 6천여 명으로 향후 더 증가 될 것을 전망된다. 배

출된 인원에 비해 이들의 활동영역은 제한적이며, 전문
가라는 이름과는 달리 이민 사회 전문가로서 지식과 역
량을 보완할 수 있는 교육체계와 인적자원관리시스템의
부재로 양성된 인재를 제대로 활용하지 못하고 있다.

김원숙   다문화사회 전문가는 국민과 이민자와의 가교역할뿐만
아니라 이민자의 한국 사회 길라잡이 역할을 위해 양성
되었다. 하지만 전문인력으로서 현장 활용을 위해서는
제도적 보완이 필요하다. 활동할 수 있는 기관의 부족과
영역별 전문성의 미흡은 장롱 속 자격증이 된 지금, 전문
가 양성 취지는 좋았으나 국가 또는 개인적으로 시간과
금전적 손해가 크다고 볼 수 있다.

우영옥   우선 급증하는 이민자를 밀착지원체계에서 활용될 수 있
는 인적자원으로 양성하기 위해서는 대학 자율에 맡긴
수료증 제도를 폐지하고, 철저한 검증체계 속에서 인정
된 국가자격증으로 자격을 발부하도록 해야 한다. 또한,
이미 양성된 다문화사회 전문가는 대상별, 영역별 현장
실습이 이루어질 수 있는 현장교육시스템을 도입하여 이
론을 바탕으로 현장에서 활용될 수 있는 정책과 제도 및
사례 등 직무역량 강화에 따른 평가시스템을 활용하여
내실 있는 자격증을 발급해야 한다.

김원숙   더욱 강조되어야 할 것은 학급별 즉, 유치원, 초 · 중 · 고등
학교뿐만 아니라 성인을 대상으로 한국의 이민 사회에
대한 교육을 시행하는 것이다.

우영옥 아직도 우리 사회는 이민자에 대한 인식개선이 미흡하고, 급증하는 이민자와의 공존에 대한 국민의 적응과 세계인이라는 확산적 사고력을 위한 교육이 필요하다. 이러한 영역의 개발은 다문화사회 전문가들이 이민·다문화사회의 전문가로서 긍지를 갖고 활동할 수 있을 것이다.

김원숙 그러기 위해서는 다문화사회 전문가 의무고용제도가 마련되어야 한다. 평생 교육사, 청소년지도사, 상담사 등 국가인정 자격증은 의무고용제도가 마련되어 있다.

우영옥 그렇다. 행복주민센터, 가족지원센터, 외국인 주민 지원시설, 외국인 노동자 지원센터 등 관련 기관에 의무배치될 수 있도록 제도개선이 필요하며, 이들의 전문성과 권익 보호를 위한 장기적이고 종합적인 운영관리체계가 필요하다.

7. 세금은 누가 내나요?

우영옥 지난 대선에서 느닷없이 외국인의 건강보험료가 이슈가 되었다. 외국인이 잘 차려진 밥상에 숟가락만 얹고 우리나라 건강보험 적자에 원인이라는 말이 나왔다.

김원숙 외국인들 입장에서는 기가 막힌 이야기였다. 사실과 완전히 반대되는 이야기였기 때문이다. 일부 언론에서 팩트체크를 통해 외국인은 국민들보다 보험료는 더 내고 혜택은 덜 받는 것으로 확인이 되었지만, 아직도 일반 국민은 우리가 낸 세금으로 외국인이 혜택을 본다고 생각한다.

우영옥　왜 그런 표현들이 나왔는지 궁금하다.

김원숙　후보가 직접 그걸 알아보고 이야기하지 않았겠지만, 국민들의 반외국인 정서를 활용해서 한 표라도 더 얻으려는 선거전략이라고 보인다. 아무리 선거가 급해도 사실에 근거하지 않고 국민과 외국인을 갈라치는 것은 안 된다.

우영옥　세금 문제를 좀 더 자세히 알아보자. 체류 외국인의 수가 2016년부터 2019년까지 해마다 7.2%씩 증가했는데 2020년에는 코로나-19 영향으로 감소하였으나, 향후 외국인의 입국과 체류는 더욱 증가할 것이다. 외국인 체류자가 증가할수록 다양한 행정 서비스를 제공해야 하고 그에 따른 예산 즉, 돈이 필요하다.

김원숙　국민 다수는 우리가 낸 세금으로 외국인을 지원한다고 불만을 토로하기도 한다. 반면에 외국인들이 내는 행정수수료로 사회통합을 위한 다양한 정책과 소요인력 경비를 부담할 수 있다는 의견도 있다.

우영옥　간단히 말해서, 외국인도 세금을 낸다. 외국인은 입국하거나 체류할 때 비자변경 수수료, 과태료, 범칙금 등 비용을 내고 있으며, 이 비용이 곧 세금이다.

김원숙   그러나 이 비용은 외국과 비교하면 턱없이 낮은 편이다. 국내 체류 외국인이 약 200만 명을 웃돌며 그 외 결혼이민자 자녀, 귀화자 등을 포함하면 이민 배경을 지닌 인구는 약 300만 명이다. 증가하는 외국인의 출입국·체류 관리 및 사회정착 지원을 위해 드는 사회비용은 해마다 증가하고 있지만, 늘어나는 예산을 모두 국민의 세금으로 그 재원을 충당하는 것은 무리가 있다.

우영옥   미국, 캐나다, 영국 등 이민선진국에서는 국민과 외국인 간의 갈등과 역차별 해소 및 안정적인 사회정착에 드는 비용을 외국인이 내는 각종 행정수수료 등을 통해 조달하고 있다. 우리나라도 법과 제도개선 및 이민 사회통합 기금 설치 등을 통해 외국인 지원 및 효율적인 사회통합 정책을 추진할 수 있다.

김원숙   현재 외국인 관련 다양한 수수료 등을 활용해 재원을 마련한다면, 그 재원을 외국인 본인과 외국인과 관련된 국민을 위해 효율적으로 쓰일 수 있다. 이런 방식의 예산 집행은 외국인의 경우 자신이 낸 비용으로 혜택을 받기에 스스로 한국 사회정착에 긍정적인 태도를 보일 것이며, 국민 역시 역차별에 대한 논란도 점차 사라질 것이다.

우영옥   기금을 마련하는 방법도 생각해 볼 수 있는데, 새로운 기금운용 설치법을 제정하고 기구를 설치하기보다는 현행 재한외국인 처우 기본법에 기금을 설치하도록 법을 개정하는 것이 바람직하다고 본다.

김원숙   무엇보다 법적 테두리 안에서 조성된 재원은 이민자의 인권 보호, 권익증진, 난민 처우개선, 외국인력관리, 세계인의 날, 외국인 지원 센터운영 등 부처별 외국인 관련 예산을 포괄해서 효율적, 탄력적으로 운영되어야 한다.

우영옥   그렇다. 재원을 모으는 것도 중요하지만 재원의 효율적인 사용은 더 중요하다. 향후 한국의 사회통합에 적합한 이민정책을 추진하기 위해서는 재원 관리와 운용을 위한 종합적인 운영체계가 필요하다.

8. 안산에는 안 산다.

우영옥   한때 '안산에는 안 산다'는 말이 유행했다. 안산지역에 외국인 밀집 지역이 형성되면서부터다. 지금은 성공한 상호문화 도시로 다른 지자체에서 안산의 사례를 벤치마킹하러 올 정도라고 한다. 외국인 주민의 정착에 지자체의 역할이 중요하다.

김원숙   외국인 주민의 거주지 분포는 직장, 학교 등 생활과 밀접한 관련이 있다. 특히, 초기 안정적인 정착을 위해 먼저 정착한 친구 또는 친척 등의 영향이 매우 크기 때문에 특정한 지역에 밀집하는 경향이 있다.

우영옥   외국인은 학력과 근무직종에 따라 거주지역의 밀집도에 차이가 있다. 가령 서울의 구로구, 영등포구와 용산구,

강남구, 서초구와의 외국인 성분분포를 살펴보면, 저학력, 준숙련공이 많은 외국인노동자 집단과 고등교육을 받고 초국가적 기업에 있는 전문가집단으로 구분할 수 있다. 이들 간에도 일찍 정착하여 부를 축적한 외국인 주민과 후발로 들어온 외국인 주민 간 학력, 경제력 등의 차이로 그들 간의 차별과 배제가 형성되고 있다.

김원숙   우선 도시와 농어촌 간의 분화, 도시 내에서의 경제력, 학력의 차이로 인한 계층화는 점점 깊어질 것으로 예측된다.

우영옥   4차 산업 시대에는 전문인력과 비전문인력으로 인한 노동력 수요 부분에서 직종 간 양극화가 이루어지며, 지역별 산업구조 상황에 따라 이민자의 거주지가 분화되는 것은 당연지사이다.

김원숙   하지만, 빈부의 격차가 생활거주지의 슬럼화로 이어지면 안 된다. 도시 전체의 거주환경을 고려하여 업무중심지와 학교 및 주택지를 구분하여 생활환경을 개선하고 우리 동네, 내가 사는 행복한 마을이라는 인식을 바탕으로 협력하여 더불어 잘사는 동네로 만들어나가야 한다.

우영옥   이민자의 거주지역 선택은 경제력 즉, 출신국과 민족, 학력 등 직업과 밀접한 관련이 있다. 출신국이 선진국일 경우와 개발도상국일 경우 나누어 보면 쉽게 이해할 수 있다.

김원숙 학력이 높으면 전문직, 학력이 낮으면 비전문직에 노동력을 제공할 수 있기에 출신국별, 경제력에 따라 거주지를 선택하게 되어 있다. 예를 들면, 구로구 대림동, 가리봉동, 광진구 자양동의 경우 중국동포(조선족)들의 직장과 주거지역으로 밀집되어 있다. 이 지역은 대체로 주거비용이 저렴하고 서로 정보를 교류할 수 있을 뿐만 아니라 쉽게 일자리를 구할 수 있는 것이 장점이다. 용산구 이태원동과 성북구 성북동의 경우에는 대사관저가 밀집되어 있어서 교통의 요지와 쾌적한 주거환경을 선호하는 걸 볼 수 있다.

우영옥 그러나 결혼이민자의 경우 그들의 배우자가 살던 지역에서 거주하므로 다른 이민자와는 달리 밀집 거주지역을 형성하지는 않는다. 하지만 소개로 인한 결혼이 성사되면 국가별 결혼이민자가 인근 지역에 거주하여 같은 출신국 사람과 활발히 교류하기도 한다.

김원숙 거주지 분화는 거주지 격리로 이어질 수 있는 매우 위험한 현상이라고 할 수 있다.

우영옥 거주지 격리는 기존 국민의 수가 이민자보다 많던 지역이 점차 출신국 또는 민족·인종별 이민자의 비율이 국민의 수보다 높아지는 현상을 의미한다. 이 경우 사회적 네트워크와 현지 정보가 부족한 신규 이민자가 유인하는 원인으로 작용하기도 하고, 그들만의 지역으로 변모하여 국민이 오히려 다른 지역으로 이주하게 된다. 이렇듯 극단적이고 폐쇄적인 지역공동체가 형성되면 문화간 갈등 내지는 종교갈등 등 사회의 위험요인이 된다.

김원숙 그러한 점을 고려하여, 이민자를 지역적으로 분산시킬 수 있는 정책을 활용하여야 한다. 서울·경기권에 집중된 산업체를 경기 북부 또는 충청지역 아래로 이전토록 하며, 지역의 빈집주택을 활용할 수 있도록 제도를 개선해야 한다.

우영옥 지역 분산을 유도하기 위해 낙후된 지역의 학교, 병원, 교통 등 이민자를 위한 인프라구축이 필요하며, 다양한 국가의 이민자가 조화롭게 살아갈 수 있는 인구분포를 고려한 사회통합정책과 거주지에 따른 체류허가 인센티브 제도를 도입해야 한다.

9. 글로벌 아빠 찾아 삼만리

김원숙 한국에서 외국인 근로자로 일하고 있는 가족을 만나기 위해 한국을 찾아오는 여정을 다큐멘터리로 담담하게 그려낸 EBS 방송 프로그램이 있다. 가족을 떠나온 아버지와 아버지를 떠나보낸 어린 자녀들의 이야기다.[32]

김원숙 그 아빠가 일하는 공장이 고용허가제 근무처이다. 고용허가제 근로자에게 가족동반이 허용되지 않으니 방송국에서 아빠 대신 초청비자를 받아 입국한다고 한다.

우영옥 2004년 8월부터 시행된 고용허가제가 20년이 다 되어 간다. 이 제도는 내국인이 오지 않는 일자리 즉, 3D산업 특히 5개 업종(제조업, 농림축산업, 어업, 건설업, 서비스업)에 부족한 인력난을 해소하고자 외국인 노동자가 입국할 수 있도록 허가한 제도이다. 그들은 사전 교육을 받고 시험을 보고 통과하여야 입국할 수 있다. 입국 후 취업처 관련 산업안전과 조기 적응 교육을 받아야 취업처로 이동한다.

김원숙 일단 일을 시작하고 최장 3년간 취업처에서 활동하며 한 사업장에서 성실 근로자로 인정받으면 고용주의 요구에 따라 1년 8개월 동안 취업 활동을 할 수 있다. 총 4년 10개월 동안 취업이 가능하다. 2011년 성실근로자 재입국 취업제도와 특별 한국어시험 재입국제도를 통해 출국 3개월 만에 재입국하여 다시 근무할 수 있도록 했다. 결론적으로 고용허가제 노동자들은 최장 9년 8개월 동안 취업할 수 있다.

우영옥 5년 이상 한국에 거주하면 영주권을 주는 제도가 있다. 외국인노동자는 9년 8개월 동안 한국에서 취업하고 생활하면서 한국어도 잘하고, 한국문화도 이해하며, 태어난 국가 다음으로 제2의 국가가 될 것이다. 이들에게 가족과 함께 살 수 있는 영주권 취득의 길을 열어주는 것이 옳은 방향이다.

김원숙 영주권을 취득할 수 있도록 하는 것에는 동감한다. 외국인 노동자가 9년 8개월 동안 취업 활동을 한다면 출신국보다 한국 생활에 더 익숙할 것이다. 사업주 친화적 정책은 노동할 수 있는 체류 기간은 늘려 놓았지만, 외국인노동자의 인간다운 삶은 고려하지 못한 제도로 가족동반 규정은 바뀌지 않았다. 외국인 노동자들의 국내 노동시장의 정주화 방지를 고려한다지만, 인권적 측면에서는 바람직하지 않으며 형평성에도 어긋나는 제도이다. 예를 들면, 정부는 외국인 전문직 종사자나 유학생 등은 가족동반 비자를 발급하지만, 고용허가제 노동자에게는 해당이 없다.

우영옥　고용허가제 노동자의 연령대는 20~40대로는 이미 가정을 이루고 있으며 자녀들이 매우 어리다는 점이다. 한국산업인력공단의 외국인 근로자 고용허가제 만족도 조사연구(2015년)에 따르면, 응답자의 55.4%가 배우자가 있으며, 한국에 배우자가 거주하는 사람은 5.2%에 불과하다.

김원숙　기혼인 외국인 노동자는 가족과의 장기간 떨어져 생활할 수밖에 없는 상황에 거의 매일 스마트폰으로 연락하며 그리워한다. 그들에게는 통신비용도 만만치 않다. 그나마 가족과의 빈번한 소통으로 가족 관계를 유지하고 있으나, 가족동반을 통한 안정적인 가정생활은 보장하면 근로자의 직무만족도 및 근로 효과도 높아질 것이다. 외국인 근로자에게 영주권 취득과 가족 반을 허용해야 한다.

우영옥　일본은 2018년 12월 특정 기능 1호, 특정 기능 2호라는 두 단계의 체류자격을 신설하여 외국인노동자 제도를 개선하였다. 특정 기능 1호는 우리의 고용허가제와 유사하게 최장 5년간 체류 기간을 보장하되 가족동반은 허용하지 않는다. 하지만 일정 기간 취업하고 기능시험에 합격한 외국인을 대상으로 특정 기능 2호를 취득하도록 하여 가족동반과 장기체류를 허용한다.

김원숙 그 점은 우리에게 시사하는 바가 크다. 일본은 우리보다 앞서 인구정책에 발 빠른 대응을 한다고 볼 수 있다. 다양한 분야에 부족한 인력과 우수 인재를 확보하기 위한 이민정책이다.

우영옥 우리나라는 고용허가제와 더불어 체류자격 변경이 가능한 숙련기능 점수제가 있다. 뿌리산업 숙련기능공, 농림축산어업 숙련기능인, 일반 제조업 및 건설업 숙련기능 등 총 3개 직종이다. 점수를 취득한 이들의 체류자격 변경과정은 비전문취업 자격에서 숙련기능자격으로 그다음엔 거주자격이 가능하며, 이후 요건이 갖추어지면 영주자격을 취득할 수 있다.

김원숙 그런데 체류자격 변경에 연간 쿼터가 너무 부족해 낙타가 바늘 통과하기보다 어렵다고 한다. 좋은 제도를 만들어도 실제 혜택을 보기가 어려우면 그림의 떡이 된다.

우영옥 점수제를 잘 활용하면 장기적으로 한국의 우수 인재를 양성하는 기틀이 될 것이며, 가족동반을 통한 인구정책의 한 부분을 차지할 수 있다. EBS에겐 좀 미안하지만, '글로벌 아빠 찾아 삼만리'는 중단되어야 한다는 생각이다. 다행스럽게도 2015년 9월부터 시작된 프로그램이 2019년 8월에 끝이 났다.

10. 나라 위상 높아지자 한국어 능력이 쑥쑥

우영옥   TV를 보거나 라디오방송을 들으면 외국인 출연자들이 한국말을 너무 잘한다는 생각이다. 한국에서 태어나고 자란 한국인보다 더 말을 잘하는 외국인이 많다.

김원숙   2019년 자료에 의하면 사용 인구 기준으로 세계 언어순위를 보면 한국어는 14위로 약 7,730만 명이 사용하고 있으며,[33] 1천만 명의 모국어 사용자가 있는 언어라고 한다. 특히, BTS, 미나리, 오징어 게임 등 한류 바람을 타고 많은 국가에서 한국어를 배우고 있다고 한다. 향후 UN의 공식 언어로 채택될 수도 있지 않을까 생각한다.

우영옥   전 세계인이 한국어를 사용한다면 얼마나 좋을까. 외국인의 한국어 학습에 있어 교육수준, 사회적 지위에 관한 이야기를 한다. 즉, 교육수준과 사회적 지위가 낮을수록 한국어를 배우길 꺼려할 것이라 하지만 현실은 그렇지 않다.

김원숙   오히려, 교육수준이 높거나 전문직, 사회적 지위가 높을수록 자국의 언어만을 고집하는 경우가 많다. 영어를 사용해도 한국 생활에 전혀 불편함을 느끼지 않는다고 한다.

이유는 그들이 상대하는 한국인이 영어가 가능한 계층이 기 때문이다.

우영옥 반면에 외국인 노동자나 결혼이민자는 한국어를 빨리 배우려고 노력하고, 직장에서, 생활에서 잘 활용하고 있다. 이들 중 영어가 모국어이거나 공용어인 국가에서 온 외국인은 한국인과 영어로 소통하는 것을 자랑스럽게 말하기도 한다.

김원숙 영어를 잘하는 사람을 존중하는 한국문화에서 구태여 한국어를 배울 필요가 없기 때문이다. 외국인 근로자와 결혼이민자는 직장 생활 적응과 자녀 양육을 위해 한국어가 필수적이다. 외국인에 대한 각종 체류 허가 시에도 한국어 능력이 큰 비중을 차지하는 것도 이 때문이다.

우영옥 한국어의 국제화는 국가의 위상이 높아진 이유가 가장 크지만, 한류와 세종학당을 통해 한국어를 전 세계적으로 전파한 효과도 있다. 그리고 법무부의 사회통합프로그램도 단단히 한 역할을 했다. 얼마 전 '도전 골든벨'이라는 방송에서 외국인 특집으로 한국어 경연을 했는데 출연자 모두가 사회통합프로그램 이수자였다. 출연자 모두 사회통합프로그램의 효과를 톡톡히 보았다고 한 장면이 기억에 남는다.

김원숙 과거 20~30년 전에는 한국어를 배우지 않은 채 생활하는 이민자가 많았다. 요즘은 한국에 대한 매력과 한국어 구사 능력이 자신의 경쟁력이 되므로 외국인의 한국어 배우기 열풍은 지속될 것이다. 이민자의 현지어 구사 능력은 그들의 핵심 자본이기 때문이다.

11. 이중언어 아이들은 미래의 인재

우영옥　행정안전부의 지방자치단체 외국인 주민 현황(2020년)에 따르면, 외국인 주민 총 215만 명 중 외국인 주민 자녀 수는 26만 명이다. 이중 미취학 아동은 10만 명, 초등학생은 10만 명, 중·고등학생은 5만 명이나 된다.[34]

김원숙　그중에서 외국인 주민의 국내출생 자녀는 25만 명이다. 결코, 적은 수가 아니다.

우영옥　외국인 주민의 자녀들이 가정에서 사용하는 언어는 기본으로 한국어이지만 생활 속에서 자연스럽게 이중언어를 학습할 기회가 있다.

김원숙　우리는 이민자에게 한국어를 배워 자녀를 잘 가르치는 것이 중요하다고만 했지 그 자녀에게 부모 나라의 언어를 배워 이중언어 구사자가 되는 것이 얼마나 필요한지 간과한 측면이 있다.

우영옥　글로벌시대 인재라고 하면 영어를 잘 구사하는 것으로만 생각하는 경향이 있지만, 태국어, 베트남어, 중국어, 아랍어, 러시아어를 잘 구사해도 글로벌 인재가 된다. 특히 한국어와 부모 나라의 언어를 자유자재로 구사할 수 있다면 엄청난 무기를 손에 쥐는 것이다.

김원숙 부모 나라의 언어를 배운다는 것은 그 나라의 문화를 같이 배운다는 것이다. 단순히 통역을 위한 언어가 아니고 실질적으로 한국과 부모 나라의 교량 역할을 할 수 있다.

우영옥 무역과 교역으로 강국이 된 한국에 이런 글로벌 인재가 수십만 명이 있다는 것은 국가적으로 엄청난 자원이자 개인에게도 새로운 기회가 된다. 그래서 이중언어를 구사하는 아이는 미래 인재라고 할 수 있다.

김원숙 현재 전국의 다문화가족지원센터에서 이중언어환경조성 프로그램을 운영하고 있다. 국제결혼 가족 부모를 대상으로 영유아를 양육하는데 필요한 다양한 신체활동과 놀이를 통해 부모 나라의 언어를 익히고, 부모–자녀 간 긍정적인 유대관계를 지원하고 있다.

우영옥 언어학습뿐만 아니라 문화·예술체험, 스포츠 지역사회 봉사활동도 함께 한다. 그러나 영어, 중국어, 일본어 등 한국 사회에서 인기 있는 외국어를 구사하는 자녀들은 자긍심을 갖고 있으나, 베트남어, 캄보디아어, 몽골어 등을 구사하는 자녀들은 소극적인 태도를 보인다. 이런 점에서 이중언어교육의 중요도와 활용방안에 대해 좀 더 개방적이고, 실천 가능한 프로그램 개발이 필요하다.

김원숙   국제결혼 자녀 중 한국에서 출생한 자녀들은 한국어를 쉽
게 익히고 잘하며 가족 또는 이웃 주민 간 통역원 역할도
한다. 그러나 가족 구성원의 변화 즉, 사별, 이혼, 재혼 등
으로 인해 한국어를 배울 기회가 없거나 한국 학교에 적
응이 어려운 자녀들은 탈학교 아이가 되기 쉽다.

우영옥   공교육에서는 이 점을 고려하여 특수학급을 운영하기도
하고, 한국어를 별도 수업으로 편성하여 지도하기도 한
다. 그렇지만 이중언어 구사 능력을 증가시킬 수 있는 교
육은 한참 부족하다.

김원숙   이 부분을 개선하기 위해서 유학생을 적극적으로 활용하
는 것도 하나의 방안이 될 수 있다. 방학을 이용하거나
수업시간 자원봉사활동을 지원하여 한국인 선생님과 함
께 수업에 참여하는 것이다. 외국인 자녀들 간 학습지원
봉사활동을 개발하여 언어능력이 뛰어난 고학년 학생이
저학년 학생의 학습을 도와주는 것이다.

우영옥   이중언어를 사용하는 아이들은 국제사회의 가교역할을
하는 인재로 성장하며, 앞으로 한국 사회 경쟁력의 원천
임을 주목해야 한다.

12. 개인을 다문화라 불러서는 안 된다

우영옥   어느 국가나 지역사회에서든 그곳에서 태어났거나, 이주
한 사람이든 그 사회 고유문화의 영향을 받고 자라며, 그

속에서 오랜 시간에 걸쳐 형성된 자신만의 독특하고 고유한 문화를 가진다. 이러한 개별 문화를 가진 사람들이 모여 문화를 보존하고, 새로운 문화를 창출하는 것, 바로 다문화이다.

김원숙　외국인 주민 즉, 이주민과 그의 자녀를 부를 때 사용하는 용어로 외국인, 귀화자, 이민자, 이민자 2세 등 여러 가지가 있다. 이러한 용어뿐만 아니라 외국인을 은유적으로 표현하기도 한다. 물론 좋은 표현은 아니다.

우영옥　독일에서는 외국인 이주노동자를 손님 노동자, 초빙노동자로 부르는데 이는 인종차별주의를 극복하려는 의도로 사용된 용어로 볼 수 있는 반면에, 영원한 손님으로 대하겠다는 의미가 담겨 있기도 하다.

김원숙　우리나라의 다문화 개념 역시 정부와 사회에서 의도적으로 채택된 용어라고 할 수 있다. 1990년대 농촌 총각 장가보내기 사업을 통해 이주여성 즉, 결혼이민자와 같은 표현을 포괄하기 위해 2002년도 다문화가정이라는 행정적, 법률적 용어가 도입되었다. 문화적 배경이 다른 사람끼리 결혼한 가정이라는 뜻으로 이때부터 다문화가 일반적 용어로 사용되고 있다.

우영옥　그러나 현실에서 다문화란 표현은 비하적인 의미로 오용되고 있다. 다문화라고 하면 후진국 사람과 한국 사람이 결혼한 가정이거나 가난하고 도움이 필요한 사람들이라고 생각한다.

김원숙   심지어 교사가 교실에서 학생들에게 '다문화, 손들어 봐!' 또는 '야! 다문화'라고 부르는 경우도 있다고 한다.

김원숙   참으로 안타까운 현실이다. 그래서 다문화란 용어를 대체할 방법을 찾아야 한다고 주장하는 사람들이 많다.

우영옥   다문화란 용어의 문제가 아니고 사용하는 사람의 인식이 문제인데 다문화의 의미가 왜곡되고 있다. 그럼 다문화를 대체할 다른 단어가 나오면 다문화에 대한 인식이 개선될까.

김원숙   일부에서는 다문화를 대체하기 위해 이주 배경 청소년을 도입하여 사용하기도 하는데, 용어를 바꾼다고 인식이 바뀔 것 같지는 않다.

우영옥   아무리 좋은 용어를 사용하더라도 그 속에 편견과 차별의 의미를 담고 있으면 아무 소용이 없다. 그리고 그 용어는 사회적·행정적·법률적 용어이지 개인을 지칭하는 단어가 아니다. 미국 사람을 '야, 미국!'이라고 부르지 않는 것과 같은 이치다. 그러므로 개인을 다문화라 불러서는 안 된다. 개인은 이름을 불러야 한다. 그게 사람끼리 소통하는 기본 방식이다.

13. 이민자 증오와 차별은 자해행위

우영옥   일부 국민은 이민자 또는 동포에 대하여 국가별로 이중적 시각을 갖고 있다. 특히, 중국동포에 대해서는 혐오와 차별의 이미지가 더욱 심하다. 일부의 반중 감정이 엉뚱하게 '조선족은 중국으로 돌아가라.'라는 표현으로 바뀐다.

김원숙   한마디로 자해행위이다. 해외에 거주하는 우리 동포는 750만 명이며, 코로나-19 전에는 연간 약 3천만 명의 국민이 해외여행을 나갔다. 해외 거주 우리 동포가 혐오와 차별의 대우를 받고 해외여행 중에 한국인이라고 무시당한다면 어찌하겠는가.

우영옥   좀 과장된 말이지만 한국에서 차별이나 혐오를 당한 외국인이 자국으로 돌아가서 한국산 물품 불매운동도 벌일 수 있다. 아니 요즘은 SNS의 발달로 실시간으로 올릴 것이고 그 피해는 고스란히 이자가 붙어 돌아올 것이다.

김원숙   이민자에 대해 차별하고 증오하는 것은 여러 가지 원인이 있지만, 상대에 대한 이해 부족이 가장 큰 원인이라고 본다. 이를 위한 상호문화이해 교육도 필요하다.

우영옥   사람과 사람, 국가와 문화가 실타래처럼 엮여있는 글로벌 시대, 무지개처럼 조화로운 다문화사회를 만들어가는 것이 존중과 인정의 사회가 되는 것이라 본다. 차별은 무지와 익숙하지 않음에서 시작되는데 어려서부터 공교육을 통한 상호문화 교육은 매우 중요하다. 예컨대 필리핀 출신의 엄마를 둔 친구를 '야 필리핀!', '야 다문화!'라고 부르면서 왕따하는 아이를 그냥 두면 그 아이는 커서도 이민자를 차별할 것이다. 그 아이에게 한국이 어려울 때 필리핀이 도와준 역사를 알려주고 필리핀의 문화를 학습할 기회를 준다면 세계시민으로 성장할 수 있다.

김원숙 이민자는 본인이 희망해서 온 사람이기도 하지만 국가적 필요에 따라 비자를 발급해서 데리고 온 사람이라고 할 수 있다. 국가가 필요해서 불러들여 놓고 사회에서 차별하고 증오한다면 이민 강국으로 가기는 아득히 멀다.

우영옥 인력을 수입했다고 하지만 결국은 사람이 온 것이다. 좋거나 싫거나 그 사람들을 배려하고 통합하고 살아야 한다. 배려라는 것이 그냥 베푸는 것은 아니다. 내가 불편해도 존중하고 이해하면서 공존하는 것이 진짜 배려다.

김원숙 특히, 재외동포에 관해서는 역사적 배경으로 보아 존중과 더불어 살아가야 할 대상임에도 출신 국가별로 차별과 혐오가 분명 존재한다. 중국동포와 구소련동포는 지리적·경제적 요인으로도 활용의 가치가 분명한 대상이다. 이들의 권익을 보장하고 경제활동에 적극 참여할 수 있도록 지원하는 것은 결국 국익을 실현하는 것이다. 동포를 잘 활용해야 한다.

우영옥   동포를 차별할 것이 아니라 국가적으로, 인적자원으로 활
         용해야 한다는 데는 전적으로 공감한다.

14. 한국 사회의 그림자 아이와 외로운 늑대

우영옥   법무부는 2021년 4월부터 2025년까지 한시적으로 국내
         에서 출생한 미등록 이주 아동에 대해 강제퇴거를 중단
         하고 '아동 최선의 이익 원칙'하에 생존권과 교육권을 보
         장해주는 구제대책을 실시했다. 오랫동안 논의하던 것
         이 수면 위로 올라온 것 같다.

김원숙   그러나 장기체류 미등록 이주 아동에 대한 대상과 운영 기
         간에 한계가 있다는 지적이 바로 나왔고 실질적으로 혜
         택을 본 아동이 500명에 지나지 않아 실효성에 의문이 제
         기되었다.

우영옥   그래서 법무부는 대상자를 좀 더 확대하여 국내에서 태어
         나지 않은 아동 즉, 영·유아기(6세 미만)에 입국한 경우에
         는 6년 이상, 영·유아기를 지나서 입국한 경우에는 7년
         이상 국내 체류하여 공교육을 이수하면 체류자격을 받을
         수 있도록 하였다.

김원숙   사실 미등록 이주 아동은 그 수가 얼마나 되는지도 알 수
         가 없다. 부모가 불법체류자로 숨어 지내면서 출생신고
         를 하지 않았기 때문에 통계를 낼 수 없다. 2015년 국가

인권위원회에 의하면 약 2만 명이 될 것이라고 추산했다. 하지만 교육부 통계상 외국인등록번호 없이 공교육(초·중·고)에 재학 중인 3천여 명이 구제대상에 포함될 것이란 조사결과로 보면 미등록 이주 아동은 대략 3만 명이 되지 않을까 조심스럽게 추산해본다.

우영옥　　앞서 구제대책이 2025년까지 3년간 한시적으로 시행된다는 점을 우려했다. 이들의 불안한 체류 상황은 자칫 범죄와 연결될 수 있으며, 한국어와 한국문화에 익숙한 아동이 성인이 된 후 강제 출국 대상이 된다면 국제 미아 신세로 전락할 것이다. 근본적인 대책 마련이 시급하다.

김원숙　　결론적으로 말하면 용어에서 대안을 찾을 수 있다. 미등록 이주 아동 즉, 미등록이란 용어는 체류자격과 관련성이 깊다. 적법한 절차에 따라 체류자격을 부여할 수도 있다는 의미다. 또한, 예측이 가능하고 지속적인 체류자격을 부여한 후 합법적 절차에 따라 영주자격과 국적을 취득할 수 있도록 하면 된다.

우영옥　　그러나 미등록 이주 아동은 태어나면서부터 불법체류자의 자녀이기에 그 어떤 행정적 보호조치도 접할 수 없다. 최근 아동들에 대한 인권 측면에서 체류와 교육, 건강권 등이 보장되고 있지만, 성인이 되면 그조차도 보장되지 않는다. 즉, 성인이 된 후 대학입학이나 취업하지 못한 경우 1년간 임시 체류 허가만 받을 수밖에 없어 늘 불안과 위험 속에 노출될 우려가 크다.

김원숙	이들 모두 합법화하자니 어렵게 영주자격을 취득한 자 또는 국적을 취득한 자의 형평성에 어긋나고, 반면에 아동에 대한 합법화만을 추진하자니 부모에 대한 체류자격에 대한 법적 해석과 절차에 따른 개정이 필요하니 이 또한 논쟁거리가 된다. 출생등록제, 체류자격 부여 및 국적에 관한 문제는 지속적인 사회적 논의를 통해 해결방안을 찾아야 할 문제이다.
우영옥	미등록 이주 아동을 그림자 아이가 아닌 다른 시각으로 볼 수 있다. 즉, 미래 대한민국의 인재이며, 생산가능인구로 성장할 사람이란 것이다. 미등록 이주 아동은 한국에서 태어나 한국어와 한국문화에 익숙하다. 또한, 부모의 언어를 습득함으로써 이중언어를 사용할 수 있고 국가 간 교류역할을 할 수 있는 인재가 될 수 있다.
김원숙	유엔아동권리협약의 기본원칙과 권리를 바탕으로 미등록 이주 아동이 한국에서 태어났거나 영·유아기에 입국한 아동들이 무상교육을 받을 수 있는 초·중·고교과정을 이수한다면 영주권 또는 장차 국적까지 부여할 수 있다고 본다. 실컷 세금을 들여 키워놓고 강제추방 시키면 국익에도 전혀 도움이 되지 않는다.
우영옥	미등록 이주 아동의 부모도 강제퇴거의 대상으로만 여기기보다는 이미 한국 생활에 적응한 부모에 관해서도 최소한 아동이 성년이 될 때까지는 일반 불법체류자와는

다른 방식으로 합법화 내지는 체류허가를 한다면 이들을 음지에서 양지로 이끌어 낼 수 있다.

김원숙   2005년 프랑스 폭동 사태에서 보듯이 갈등은 이민자 2세 들에서 시작되었다. 이민자 청소년과 경찰 사이에 일어 난 연쇄적인 차량 방화와 공공건물이 파괴되는 대규모 소요사태가 발생했다. 부모들은 자기가 선택해서 이민자 가 되었지만, 자녀는 자기의 선택 없이 이주 배경 자녀가 되었고 이들에 대한 차별이 폭동으로 이어진 것이다. 심 한 경우 극단주의자로 길로 들어서는 외로운 늑대가 되 기도 한다. 미래 인재로 키울 것인지 외로운 늑대로 방치 할 것인지 이민정책과 사회통합에 달려있다고 해도 과언 이 아니다.

15. 결혼이민자는 봉이야

우영옥   6.25 전쟁 이후 국제결혼이 있었지만 흔하지 않은 경우였 고, 외국인과 결혼한다는 것 자체를 숨기거나 겉으로 드 러낼 수 있는 경우가 아니었다. 1980년대 통일교를 통한 일본 여성과의 결혼으로 국제결혼에 대한 인식이 두드러 지기 시작하였고, 1990년대 농촌 총각 장가보내기로 국 제결혼이 성행하기 시작했다.

김원숙   유럽이나 미주지역에서 결혼하여 온 사람들보다는 동남 아시아권에서 결혼한 사람들이 증가하면서 한국 사회의 인구 구성에 변화가 생기기 시작했다. 결혼이민자의 지속적인 유입으로 지역의 인구소멸이 조금은 늦추어지고 각 지자체나 정부 부처에서는 결혼이민자를 달리 보기 시작했다.

우영옥 그런데 결혼이민자에 대한 정책이 여성가족부와 법무부로 분산되면서 정책의 혼선이 발생한 사례가 많다. 여성가족부의 가족지원센터와 법무부의 사회통합프로그램이 갈등을 일으킨 것이 대표적이다.

김원숙 결론적으로 부처이기주의가 정책의 일관성과 발전성을 저해했다고 볼 수 있다. 현재 우리나라는 약 200만 명의 체류 외국인이 있다. 이 중 16만 9천 명의 결혼이민자가 여성가족부의 정책으로 떨어져 나가면서 이민정책에 혼선이 생긴 것이다.

우영옥 포괄적인 이민보다는 가족에 주안점을 두고 결혼이민자를 정책의 대상으로 포함한 여성가족부의 노력은 가상하고 긍정적인 측면도 있지만, 다문화가족[35] 정책을 부처의 존립 근거로 활용하는 것은 결혼이민자를 그저 정책집행을 위한 봉으로 본 것 같다.

김원숙 이민정책과 결혼이민자 정책을 비교해 보면 사회통합정책에 대한 이해가 쉽다. 이민정책은 외국인의 입국기준, 사회통합을 위한 선택적 이민자 선정 등 비자정책, 외국인력 정책을 총괄한다. 또한, 사회구성원자격 기준을 설정 및 부여하는 방법과 절차 즉, 일시적 체류, 영주, 귀화 등에 관한 정책과 인종차별 예방 및 구제 등 인권보호, 국가적 외교관계, 국가관 및 정체성 유지확립 등 다양한 기능을 수행한다. 반면에 결혼이민자 정책은 이민정책의 여러 대상 중 한 분야에만 해당된다.

우영옥   사회통합 정책은 어느 하나의 대상만을 한정하여 추진할 수 있는 것이 아니며, 국민과 외국인 간 관심과 이해를 바탕으로 차별적 인식을 배제하고, 다양한 문화에 대한 감수성을 높이는 방향이 요구된다.

김원숙   재한외국인 처우 기본법에는 결혼이민자뿐만 아니라 재한외국인들의 조화롭고 균형 있는 삶에 대해 포괄적인 정책을 하도록 명시되어 있다.

김원숙   법률적 측면에서 살펴보면 재한외국인 처우 기본법과 국적법, 출입국관리법 내에서 충분히 결혼이민자와 그의 가족에 대한 지원정책을 펼칠 수 있는데 다문화가족 지원법이라는 별도의 법을 제정하여 결혼이민자를 여성가족부의 가족단위 정책대상으로 분리하는 것은 근시안적 정책이라고 할 수 있다.

우영옥   그렇다. 특히, 다문화가족 지원법은 재한외국인 처우 기본법의 규정과 내용을 기본으로 다문화가족에 대한 사회적응 방안과 정책 등을 구체화하기 위해 제정되었다는 것이다. 어찌 보면 외국인 처우 기본법의 하위법률에 해당한다. 기본법의 취지대로 정책을 구체화하여 시행하는 것이 효율적인데 정책의 중복과 예산 낭비를 초래하는 다문화가족 지원정책은 이민정책의 한 영역으로 통합하여 운영되는 것이 바람직하다.

김원숙　또한, 결혼이민자 정책을 여성 인권과 복지에만 중점을 두고 있다는 것이 안타까운 현실이다. 결혼이민자는 여성만 있지 않다. 기관의 명칭에도 이주여성상담센터는 있어도 이주남성상담센터는 없다. 물론 인권과 복지도 여성, 남성 가릴 것 없이 관리하고 시행해야 한다. 결혼이민자 정책은 국익과 국민적 정체성 및 한국형 이민정책의 종합적인 관점에서 마련되고 추진되어야지 특정한 부처의 먹거리로 활용되어서는 안 된다.

16. 이민정책의 불로초 제주

우영옥　잠시 머리를 식힐 겸 제주 이야기를 좀 해 보자. 제주도는 무비자 입국으로 이민정책의 허브가 될 수 있는 잠재력을 가지고 있다. 육지와 연결되지 않았다는 점에서 새롭게 개발된 다양한 이민정책을 시범적으로 해 볼 수도 있다고 생각한다.

김원숙　제주는 한국의 보물섬이다. 이민정책에 있어서는 더더욱 그렇다. 유네스코가 인정한 자연경관을 이야기하지 않아도 제주는 아주 특별한 섬이다. 진시황이 보낸 서복의 꿈36도 갖고 있고, 4·3의 아픈 상처도 아물지 않고 그대로 품고 있다.

우영옥   제주는 섬 지역의 특수성과 국제적인 선호로 제주 무사증 제도, 부동산 투자이민제, 관광통역 판매사원 특별비자 등 특별한 정책이 많다. 지금이야 코로나-19와 부동산 투기문제로 개점휴업의 상태이지만 머지않아 중단된 국제선이 회복될 것이고 사람들이 몰려올 것이다.

김원숙   제주 무사증제도는 1998년부터 시작했지만 2002년 한일 월드컵 이후 본격적으로 시행되었다. 코로나-19 직전까지 지역경제에 미치는 영향이 지대하였고, 이는 부동산 투자이민제로 연결고리가 될 수 있었다. 하지만 그 부작용도 만만치 않았다. 잘 알다시피 2018년에는 무사증제도로 입국한 예멘인들이 대거 난민 신청하는 통로로 이용되기도 했다.

우영옥   코로나-19가 시작되면서 2020년부터 제주 무사증제도는 잠정 중단된 상태이지만 그전부터 무사증제도에 대한 개선의 목소리는 꾸준히 제기되었다. 그중 하나가 무사증 입국자를 대상으로 전자여행허가제(ETA)를 시행하자는 것이었는데, 전자여행허가제 시행 시 제주는 시행대상에서 제외되었다. 제주 무사증제도 재개시에는 전자여행허가제를 전제조건으로 할 필요가 있다.

김원숙   부동산 투자이민제도 마찬가지다. 한때 외국자본을 유치하는 것이 붐이 일었고, 제주에 휴양시설 부동산을 매입하면 영주권을 부여하는 부동산 투자이민제는 제주에서 가장 성공한 이민정책 중 하나였는데, 중국 자본에 대한 도민들의 정서가 부정적으로 돌아서면서 역풍을 맞았다.

우영옥　초기에 투자자에게 약속했던 여러 가지 인센티브를 취소하고 그 대상도 축소하면서 이제 제주의 부동산 투자이민제는 그 명맥만 유지하고 있는 수준이다. 초기 투자금액도 5억 원으로 적지 않은 금액이었는데, 지금은 15억 원으로 상향해야 한다는 주장까지 나오고 있다. 그렇게 되면 부동산 투자이민제도 유명무실해질 것은 뻔한 일이다. 이렇듯 정책을 수립할 때 미래를 고려한 정책을 정착시키기도 어렵지만, 현실을 반영하는 정책을 찾는데 '모 아니면 도'란 극단적인 방법을 사용하는 것은 매우 위험한 처사이다.

김원숙　제주를 이민정책의 보고라고 말하는 것은 거주지를 한정하여 육지로의 이동을 제한할 수 있어 새로운 정책에 대한 다양한 시도가 가능하고, 부작용이 생기면 언제든지 중단할 수 있거나 개선이 가능한 탄력적 정책 모델 즉, 이민정책의 테스트 베드(test bed)로 활용될 수 있기 때문이다. 물론 야밤에 낚시 배를 이용하여 육지로 탈출하는 간 큰 사람들도 있지만, 이는 어디까지나 극소수 예외적인 상황이다.

우영옥　그러한 점을 고려하여 기존의 정책 외에 새로운 이민정책을 시도해보는 것을 제안한다면 디지털노마드(digital nomade) 유입과 외국인 요양보호사 도입이다. 디지털노

마드 유입정책은 각국의 디지털 우수 인재들에게 체류 기간의 상한을 대폭 늘리고 창업지원에 관한 정책이다. 비자도 필요 없이 노트북만 들고 일단 제주로 입국만 하면 원하는 기간 동안 체류와 취업을 가능하게 장기비자로 전환해 주자는 것이다. 또 하나는 고령화 시대에 실버산업으로 대표되는 요양과 휴양산업에 외국인 요양보호사 도입정책이다. 더불어 간호사 도입도 고려해 볼 만하다. 이런 정책을 전국적으로 시행하기 전 제주에서 먼저 시범으로 시행해 볼 수 있다.

김원숙　아울러 유학생에 대한 특별한 정책도 시행할 수 있다. 국내 또는 제주에서 대학을 졸업한 유학생에 대해서 제주지역에 국한하여 제한 없이 취업비자를 시행해 보는 것도 충분히 검토할 수 있다. 지방대학을 살리고 지방소멸을 막는 지역인재 활용정책이며 이런 지방 맞춤형 정책을 시범실시할 수 있는 곳이 제주다.

17. 통일은 대박이다.

우영옥　통일은 대박이라고 한다. 얼마 전 나사(NASA)에서 찍은 한국의 야경을 보니 한반도가 우리가 알고 있는 모습이 아니다. 반도 국가가 아닌 섬처럼 보인다. 북한에는 평양을 제외하고는 깜깜한 바다와 같다. 산업화와 민주화를 이룬 대한민국이 또 한 번의 거대한 도약을 할 수 있는 계기가 있다면 그것이 남북통일이라는 데는 이견이 없을 것이다. 북한과 연결되면 한반도가 웅장한 모습으로 대륙과 해양으로 이어지는 아름다운 그림이 완성될 것 같다.

김원숙   통일이 무엇인가. 국민의 염원이자 역사의 눈물이다. 정치권에서 얘기하는 일국이체제 또는 연방제니 하는 건 법적, 정치적으로 말하는 국가체제이다. 일반인의 관점에서 통일이라는 것은 남북 주민들이 아무런 제약 없이 자유롭게 왕래하면서 자기가 살고 싶은 곳에서 경제활동을 비롯한 다양한 활동을 하는 것, 그것이 진정한 통일의 완성이라고 말할 수 있지 않나 싶다.

우영옥   결국은 남북한 주민들의 자유 왕래와 체류 그리고 취업이 보장된다면 그야말로 통일은 이루어진 것이다. 이 자유 3정책은 어디에서 들어본 것이 아닌가. 그렇다. 바로 동포정책을 논하면서 나온 이야기다. 이러한 이동과 체류 보장은 이민정책이 가장 잘하는 분야이다.

김원숙   지난 문재인 정부에서 남북한 철도 연계를 통한 상호 교류와 경제발전의 청사진을 내놓은 적이 있다. 아주 좋은 구상인데 이 철도를 이용해서 남한의 수출물량을 철도를 통해 유럽까지 운송하는 것에 초점을 맞추었다. 그러나 사람의 이동이 없는 철도의 연결은 반쪽짜리 정책이다. 그럼 통일의 첫 단추인 자유 왕래를 어떻게 실현할 수 있나. 남과 북이 엄연히 국경관리를 하고 있고, 금강산 관광과 개성공단의 출입도 막힌 상황에 마중물이 될 수 있는 건 바로 외국인의 왕래.

우영옥   외국인의 자유로운 관광을 바탕으로 남북 간 왕래가 시작
되면서 길을 여는 것은 아주 중요한 부분이다. 문제는 육
로를 통한 출입국은 유엔의 제재와 비무장지대를 관리하
는 유엔사의 협조 없이는 불가능하다. 그래서 먼저 시작
할 수 있는 것은 해로(바닷길)를 통한 관광객의 출입국이
다. 관광객의 출입국은 유엔의 대북제재에 해당되지 않
고 공해상을 통한 이동은 유엔사가 관장할 수 없다.

김원숙   남북 주민이 아닌 외국인이 다닌다면 양쪽 정부 모두에게
부담도 되지 않고 무엇보다 관광 수입에 목마른 북한이
환영할 것이다. 여기에는 여러 이해관계자의 논의가 필
요하겠지만 통일대비 이민정책으로서 우선 시행이 가능
한 정책이다.

우영옥   그렇다. 이를 위해 동해와 원산 간 정기적으로 운항하는
크루즈 선 취항이 전제되어야 한다. 외국인들을 대상으
로 금강산과 설악산을 동시에 관광할 수 있는 상품을 판
매한다면 금방 매진이 될 것이고 강원도 지역경제에도
큰 도움이 될 것이다.

김원숙   코로나 −19가 풀리면 가장 먼저 그리고 가장 쉽게 시행해
볼 수 있는 정책이라고 본다. 물론 이를 위해서 전제되어
야 할 것은 남북 출입국 당국이 외국인 관광객의 비자발
급 또는 무비자 입국을 허용하고 입출국 심사도 통합적
으로 시행하여야 한다.

우영옥   외국인이 남북의 동시에 왕래하려면 비자 문제가 걸림돌이 될 수 있다.

김원숙   그것은 외국인이 북한 대사관을 통하든지 우리 공관을 통하든지 한 번만 비자를 받으면 남북 모두를 출입국 할 수 있도록 하면 간단히 해결할 수 있다. 이를 위해서 남북한 출입국 당국이 외국인의 개인정보와 비자발급 시스템을 공유하는 게 전제되어야 하며, 기술적, 행정적으로 충분히 가능하다.

우영옥   남북한 연계비자는 아주 좋은 아이디어인 것 같다. 내친김에 유럽의 쉥겐 비자와 같은 한·중·일 동시 관광이 가능한 비자까지 만들 수 있다면….

김원숙   남북 연계비자가 정착되면 북한을 포함한 한·중·일 3국을 자유롭게 여행할 수 있는 비자발급도 가능하다. 이렇게 되면 동북아 3국 역내 관광산업이 활성화되고 인적교류는 봇물이 터지는 것이다. 이런 분위기가 이어지면 북한의 대외개방이 가속화되고 북한을 방문하거나 체류하는 외국인이 급증하게 된다. 여기에 하나 더 안전하고 자유로운 관광은 남북한 주민들에게도 상호보완적 경제활동이 될 것이다. 무엇보다 북한은 체계적인 외국인 출입국관리와 안정적인 체류 관리를 위해 세계적인 수준을 가진 우리의 국경관리 시스템과 연계를 희망할 것이다.

우영옥	이렇게 된다면 꿈같은 이야기이지만 이민정책이 나서서 통일의 마중물이 될 수 있을 것으로 보인다.
김원숙	그렇다. 무엇보다도 남북 출입국 당국 간 출입국관리 시스템이 연결되면 평양과 서울에 상호 비자발급과 체류 관리를 위한 대표부 설치가 가능하다. 남북 연계철도와 판문점을 통한 땅 길과 김포공항과 순안공항을 통한 하늘 길 그리고 동해항과 원산항을 연결한 바닷길로 내외국인이 자유롭게 다닐 수 있는 제도와 시스템을 만들어야 한다. 이것이 통일 이민정책이며 통일은 이민정책에서도 대박이라 할 수 있다.

역사 속 대한민국은 어려움이 생기면 온 국민이 지혜와 힘을 모아 해결해나가는 '우리'라는 공동체 용어를 갖고 있다. 짧은 이민역사를 가진 우리의 이민정책은 모질고 어려운 시련이 마구 뒤섞여 갈피를 잡을 수 없었던 이민환경을 적절하고, 합리적이고, 사람을 우선시하는 정책으로 서로 도와서 함께 존재하고자 '홍익인간'을 실천하려 노력하였다.

　　이제는 다양한 경험을 바탕으로 세계 속의 중심이 된 대한민국의 품격에 걸맞은 이민정책을 기획하고, 집행할 수 있는 통합이민조직과 운영기금 설치 및 전국단위 운영체계를 세워야만 한다.

　　본 제3장은 이민정책에 관한 전문적인 내용으로 엮었으며, 한국의 이민정책이 나아가야 할 방향과 바로 실행해야 할 사항을 제시하였다.

　　세계 유일의 분단국가이며, 가장 뛰어난 인재들이 몰입할 수 있는 지정학적 위치는 최적의 한국형 이민정책이 요구되기에 이를 실천할 수 있도록 새 행정부에서 참고하기를 바란다.

제3장

이민 강국
3대 실천전략

한국의 짧은 이민역사 속에서 이민정책은 많은 고민을 바탕으로 정책의 다양성을 시도하는 현재 진행형이다. 저출산·고령사회로의 급격한 인구구조의 변화는 국가 존립에 심각한 영향을 초래함으로써, 인구감소의 대안으로 이민정책에 대한 공론화와 실천이 강조되고 있다.

2000년대 들어서면서 외국인의 급증은 미처 한국의 이민정책에 대한 기본 철학과 정체성이 성립되지 못한 상황에서 일선 공무원, 관련 이해관계자, 민간단체 등등 모두 시행착오를 겪을 수밖에 없었다. 반면에 외국인 관련 돌발적인 상황에 대처하고, 국민과 이민자가 함께 살아갈 통합을 위해 여러 방면으로 노력하여 현시점까지 온 것은 과히 칭찬할 만하다.

미래 대한민국의 이민정책은 인구문제에 대한 국가적 대안정책임을 직시하고, 상호보완적 공존을 바탕으로 이민자를 인적자원으로 수용하는 개방과 공존의 자세가 요구된다. 이민정책은 다변적, 돌발적 유전적 변이를 일으킬 수 있는 예측이 어려운 유기체와 같다고 볼 수 있다. 이렇듯 변화무쌍하고, 탄력적인 대응능력을 발휘할 수 있는 이민정책은 미래 인구를 예측하고, 통제할 수 있으며, 인적자원 활용에 효율성까지 발휘할 수 있다. 따라서 이민정책은 국가 인구정책으로 대변될 수 있고, 국가 성장발전을 위한 최선책이다. 본 장에서는 국가 성장동력에 이민정책을 적극적으로 활용할 수 있도록 3대 실천전략을 제시함으로써 대한민국이 이민강국으로 나아갈 수 있는 길을 열고자 한다.

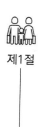

한국형 이민정책 전담조직의 재편

선진국 대열에 진입한 대한민국의 안정적인 경제 활성화를 위해 정부는 다양한 정책개발에 힘을 쏟고 있다. 그러나 문제는 저출산과 노인의 증가로 인한 생산가능인구 감소는 우리 사회에 심각한 영향을 미치고 있다. 우리는 세계 경제 대국이었던 일본의 지난 30년 침체기를 보았고, 그 침체기를 벗어나고자 다양한 정책시도를 직·간접적으로 경험하고 있다. 일본의 인구 초고령화로 인한 적극적인 이민자 수용정책은 우리의 인구정책에 있어 정책대안의 방향성과 미래예측 및 탄력적인 이민정책의 활용에 있어 시사하는 바가 크다.

이민의 헌법적 영역은 어떤 사람이 국경을 넘어 정착하여 국가의 구성원으로서 자격취득에 관해 결정하는 것이다. 오늘날 외국인의 출입국, 체류자격 부여, 영주권과 국적 부여 등 한국 사회 인적자원관리와 국가 구성원이 될 수 있는 자격을 관리하는 조직은 법무부 출입국·외국인정책본부이다. 현재 여성가족부, 고용노동부, 외교부, 교육부 등 부처별로 운영되고 있는 다양한 외국인(이민자) 정책과 사업은 동일대상에 대한 지원서비스로 유사중복성이 난무하며, 예산 낭비와 역차별로 국민의 원성을 사고 있다. 이는 성과 위주의 운영과 경쟁으로 인한 부처 이기주의의 한 면모로 볼 수 있다. 우리 국민뿐만 아니라 그림자처럼 체류하고 있는 복지서비스의 사각지대에 놓여 있는 외국인에 대한 정책은 시도조차 어려운 상황이다.

따라서 한국에 적합한 이민정책의 철학을 세우고, 중앙에서 지방으로 연계되는 조직의 확산 및 미래 한국형 이민정책을 추진하기 위한 핵심조직의 구축과 국가 전체 이민정책을 통합할 수 있는 정부 조직의 역할이 중요하다.

1. 한국 이민정책의 철학

역사적으로 한반도는 개방과 실용에 방점을 둔 시기에 국운이 세계로 향했고, 문화가 융성했다. 지금 21세기 대한민국은 그 어느 시기보다 강한 경제와 국방으로 함부로 넘어볼 수 없는 자신감이 넘치는 나라가 되었다. 단, 인구감소와 불균형으로 각종 사회적 갈등이 그 발목을 잡는 형국이다. 이를 위한 대안으로 제시된 이민정책에 많은 사람들이 불신 내지는 역차별을 거론하곤 한다. 이러한 인식의 배경에는 한국형 이민정책의 사상 즉, 철학이 담겨 있지 않기 때문이다. 그저 현실에 대응하는 임기응변적 정책실천에 매몰되었기 때문이다. 이러한 점에서 한국형 이민정책 전담조직을 만들 때 그 사상적 기초는 공공성, 다양성, 실용주의가 될 것이다.

첫째, 공공성은 특정 사람이 배제되지 않은 채 보편적 권리로서 개인의 가치와 이해관계가 인정받는 것과 보편적 권리를 가진 여러 개인이 모여 공동체의 전체 이익을 어떻게 추구할 것이며, 도덕적·사회적 질서를 형성해 나가는 것이 관건이다. 그러므로 이민정책의 관점에서 보편적 권리와 공공성에 접근하는 마지막 제약으로는 '영주'와 '국적' 취득에 따른 배제라고 할 수 있다. 아직 우리의 영주권은 여전히 하늘의 별따기만큼이나 어렵고 국적을 취득하는 사람보다 국적을 이탈하는 사람이 더 많다.

둘째, 다양성은 다원주의적 관점에서 사회갈등이나 불평등의 문제를 해결하기에는 정책 결정의 한계를 극복할 수 없다거나, 외국인이 스스로 이주할 국가를 선택한다는 노동 이주이론 등 이주의 다양한 유형과 한계를 극복할 수 있다. 이제 국적도 개인이 쇼핑하는 시대이고 이민은 사람이 이동하는 것이다. 그만큼 다양한 사연과 원인이 복합적이다. 개인별·지역별 맞춤형 이민정책과 이를 조정하는 조직이 없다면 백약이 무효다.

셋째, 실용성은 현실정책 또는 제도의 실현 가능성을 판단하고, 결정하여 문제해결 중심의 실천성을 강조해야 한다. 이러한 실용성은 급변하는 국제이주 사회에 다양한 인종이 조화롭게 살아갈 수 있도록 '국가주도', '시민주도'를 총합한 한국형 이민정책을 실행할 수 있다. 때로는 공론화와 국민 정서에 막혀 이민 수용정책이 벽에 부딪히기도 하지만 담대한 국익우선의 실용정책은 정책결정자가 넘어야 할 산이고, 결국 정부조직으로 해결해야 할 부분이다.

따라서, 우리의 건국이념과 헌법정신을 바탕으로 공공성과 다양성 그리고 실용성에 기반한 한국형 이민정책을 펼칠 수 있다. 이러한 이민정책의 추진 주체는 한국사회 구성원과 이민자 그리고 정치계와 경제계 등을 들 수 있다. 정책 방향은 국민과 외국인과의 공존 인식, 적응과 자립 지원, 외국인의 정주와 인권 및 불법체류자 합법화이다. 더불어 개방형 노동자채용, 영주권자 선거권과 피선거권, 전문영역에 외국인 귀화 등은 정치·경제계가 주목하고 추진해야 할 정책이다. 가장 한국적인 것이 가장 세계적인 것이라고 한다. 외국의 사례나 상호주의를 정책의 기반으로 삼을 수도 있다. 하지만 나라마다 건국의 이념이나 인구 구성의 배경이 다른데 언어가 다르고 문화와 종교마저 다른 이방인을 불러들이고 함께 사는 일은 결코 쉬운 일이 아니다. 하나의 정답이 있지도 않다. 우리는 국가 전체의 인구비율과 인구구성의 변화에 적합한 정책을 효과적으로 개발하고 시행해야 한다. 물론 그 과정에서 세계적 기준 즉, 보편적 인권보장은 지켜져야 한다. 이민정책 전담조직은 이런 철학적 사명으로 만들어져야지 특정 단체나 조직의 먹거리로 만들어지거나 단순히 외국의 사례만 베낀다면 또 다른 혼돈의 시기를 겪게 될 것이다.

2. 중앙정부와 지방정부의 협치 방안

외국인이 시군구의 인구수에 비해 5% 이상 차지하는 지역이 2000년에는 없었는데 2019년에는 26개 지역으로 증가하였다. 외국인의 비율이 증가하게 되면 해당 지역은 그들의 사회경제적 영향력에 주목을 받게 된다. 중앙정부는 외국인 유입에 있어 시군구 단위의 지역에 인구·경제·사회에 미치는 영향이 분석되지 않은 채 이민과 외국인에 관한 정책을 결정하는 면이 강하다. 외국인 근로자의 유입은 단기적으로 노동시장 임금과 고용에 영향을 주지만 외국인이 다수 거주하는 지역에서는 내국인이 해당 지역이나 특정 산업을 피하게 된다. 이는 노동시장의 현상이 고착되거나 이민자 밀집 지역 또는 거주지 분리 현상이 심화될 우려가 있다.

중앙정부는 이민정책을 기획 또는 결정할 때 지역적 특성과 다양한 영향 분석이 갖는 독자성을 고려하여야 한다. 중앙정부의 이민정책 수립은 국민경제 전체를 대상으로 시행되므로 지방의 지역 단위에 일률적으로 적용하기에는 한계가 있다. 지방정부는 시군구 지역주민의 인구 및 사회·경제적 특성을 기반으로 이민자 유입에 대한 유형과 특성 및 기여도를 측정하고, 결과를 활용하여 해당 지역에 적합한 이민정책 결정에 참여하여야 한다. 현재의 위에서 아래로 전달되는 방식의 의사결정과 절차는 지역을 기반으로 한 지방정부의 참여로 이뤄지는 정책 결정의 절차로 전환돼야 한다. 이러한 전달체계는 일방적인 정책의 집행으로 인한 문제점을 최소화할 수 있으며, 아래로부터 정책결정자에게로 전해지는 정책개발 및 효율적인 전략의 활용이 가능해진다. 이는 서비스대상자와 가깝고 밀접한 관계 속에서 문제해결 방법을 찾을 수 있으며, 쉽게 풀어갈 수 있는 현장접목 정책집행과 정책의 환류를 통한 정책대안과 새로운 정책개발이 이루어지는 효율적인 정책구조이다.

　지역 밀착형 정책 수립과 결정을 위한 조직구조는 지방자치단체와 특별행정기관인 출입국·외국인청(사무소)의 역할이 매우 중요시되고 있으며, 정책의 쌍방향 연결망은 돌발적 상황과 변화에 긴밀한 대응을 할 수 있다.

[이민정책의 중앙과 지방의 전달체계 연결망]

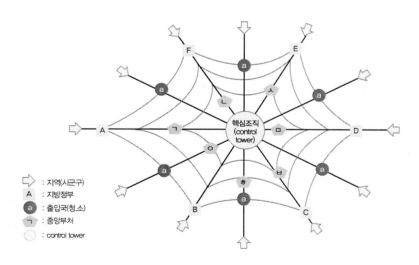

거미줄과 같은 이민정책의 전담조직(control tower)을 중심으로 최소단위인 시군구의 기초자치단체까지 효율적으로 정책이 집행되거나 반대로 지역의 상황이 중앙으로 전달되어 정책개발에 반영되기 위해서는 지방과 중앙정부 간 제대로 설계된 전달체계가 필요하다.

현재 이민정책을 집행하고 있는 전국의 특별지방행정기관과 각 중앙부처의 지방조직은 다음과 같다. 법무부(출입국·외국인정책본부)의 특별지방행정기관은 총 52개 기관으로 수도권(20곳), 대전·충청(7곳), 부산·경남(10곳), 대구·경북·강원(7곳), 광주·전라·제주(8곳) 등이다. 광역시도 16개와 시군구 256개 등 각급의 지방자치단체에서 운영하는 외국인복지센터(56개), 여성가족부 산하 다문화가족지원센터(228개), 법무부 동포체류지원센터(11개), 고용노동부 외국인노동자지원센터(44개), 법무부 사회통합프로그램 운영기관(340개)과 조기적응프로그램 운영기관(289개) 등이다. 그 외 다문화이주민플러스센터 18개는 법무부, 고용노동부 등 다부처 지원서비스를 한 곳에서 제공하는 기관이다. 지역 전달체계를 일정한 기준에 따라 서로 기능이 같거나 유사한 업무를 묶어 조직 단위를 구성하여 세분화하였다.

세분화하여 형성된 조직 중 특별지방행정기관의 경우 특수성과 전문성을 활용한 업무수행의 효율성을 확보할 수 있으나 업무의 독점문제가 있으며, 지방자치단체의 경우는 정책집행에 있어 지리적 한계를 극복할 수 있으나 업무의 전문성은 떨어지는 문제가 있다. 특별지방행정기관과 지방자치단체에서 집행하는 정책은 한정된 이민자에게 다양한 자원을 중복투자 또는 유사기능을 중첩적으로 수행함으로써 갈등 관계 또는 책임회피 등의 문제가 야기된다. 또한, 지나친 분업화로 조직 간의 경쟁이 유발되고, 오히려 민원인과 지역민들에 대한 역차별 논란의 원인이 되고 있다. 우리 몸은 혈관의 혈행이 원활해야 건강한 육체를 보존할 수 있듯이 이민정책을 통합하는 전담 핵심조직의 기능과 역할을 위한 조직의 기능분배와 연계성은 매우 중요하다. 그러므로 중앙정부–지방정부 간의 상하 관계, 지방의 특별행정기관–지방기관 간의 상호관계에서 역할과 기능에 대한 분담과 조정을 고려하여 대한민국 어느 곳에서든 정책이 미칠 수 있는 효율적인 지역 전달체계를 구축해야 한다. 이를 위해서는 다음과 같이 조직의 역할을 재구성해야 한다.

첫째, 중앙정부와 출입국·외국인청(사무소)는 특별지방행정기관으로서 상하 관계이다. 출입국·외국인청(사무소)은 관할 지역의 이민자에 대한 거주 현황이나 문제 및 기시행한 정책평가를 통해 지방자치단체 또는 준정부조직(민간위탁)과 지역협의체를 구성하여 해당 지역의 실정이 반영된 이민정책을 개발하여 자체적으로 연도별 시행계획을 수립·시행해야 한다. 또한, 국가 차원의 이민정책 수립에 반영될 수 있도록 해당 지역의 실정이 중앙정부로 전달될 수 있는 상호관계체계를 갖추어야 한다.

둘째, 출입국·외국인청(사무소)과 지방조직 간의 조정과 역할분담에 관한 것이다. 지방자치단체, 준정부조직(민간위탁), 출입국·외국인청(사무소) 간의 기능이 연계되는 '분권화 절충형' 즉, 기관 간의 네트워크 모형이 바람직하다. 외국인·동포의 출입국관리와 우수 인재 유치를 통한 지역경제 활성화 관련 업무는 전문성이 확보된 특별행정기관인 출입국·외국인청(사무소)에서 총괄하여 수행하고, 사회적응 지원에 관한 업무는 출입국·외국인청(사무소)와 지방자치단체의 협업체계로 운영되어야 한다.

또한, 각각의 이민자 대상별로 운영되고 있는 다양하고 방만한 센터는 하나의 통합된 지원센터로 이민정책을 전담할 중앙행정기구(컨트롤타워)에 소속될 필요가 있다. 이민정책 전담조직은 중앙행정기구로 지역의 통합된 지원센터의 지정권과 사업예산 수립·집행·감독의 권한을 지방자치단체에 위임한다. 지역의 출입국·외국인청(사무소)은 각급 지

방자치단체와 상호협조 체계구축을 위한 제도적 장치를 마련하고, 네트
워크를 구축하여 세부지침을 중앙행정기구로부터 받아 지원센터의 지
정 및 사업집행·감독에 공동으로 참여한다.

　이렇듯 일관성 있고, 체계적인 정책집행의 흐름을 위해 기관과 조직
간의 상호협조체계를 구축함으로써 해마다 필요한 인력과 예산 및 지역
별 사회서비스 수요를 예측할 수 있다. 이러한 정책집행의 체계는 법적,
제도적 사각지대에 있는 취약계층의 이민자를 발굴할 수 있으며, 이들
에게 '바우처'37 발급을 통해 한국 사회적응에 필요한 다양한 서비스를
빈틈없이 제공할 수 있다. 바우처를 활용한 서비스는 이민자의 사용과
정에서 언어와 문화적 거리감 해소를 위해 도우미가 지원되는 것이 바람
직하다. 또한, 바우처는 전산화가 필수적이므로 고령의 이민자를 위한
쉬운 접근방법이 모색되어 서비스를 제공하여야 한다.

[분권화 절충형의 이민정책집행 추진체계]

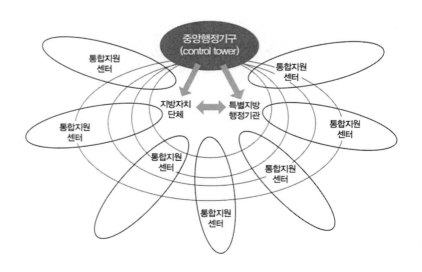

분권화 절충형의 정책집행에 있어 사업은 중앙정부에서 지방자치단체로 위임하되, 지방자치단체와 출입국·외국인청(사무소) 간의 연결망을 구축하는 형태의 추진체계가 바람직하다.

3. 이민정책 비서관 신설

정책 결정과 추진과정에는 공식적, 비공식적 의사결정권자와 정책의 조정자가 있다. 급변하고 돌발적인 이민정책은 탄력적인 정책운영이 요구되므로 무엇보다 의사결정권자와 정책조정자의 긴밀한 협조가 요구된다. 2000년 초부터 외국인의 증가는 사회현상으로 주목받기 시작했으나, 외국인의 노동력과 인권 등에 관심만 가졌다. 이민의 정치화는 정권 유지 또는 탈환의 도구가 되기도 하지만 아직은 우리의 정치사회에서 이민문제가 등장하면 피하거나 선거에 영향을 미친다는 이유로 합리적인 정책대안을 마련하기 어렵게 된다.

이민정책은 4차 산업 시대를 위한 인재 유치, 인구 구성, 지역경제 활성화, 고용과 실업 등 국민의 일자리와 연금·복지, 국가재정 및 국제관계 등에 영향을 미치므로 여타 정부 부처와의 관련성은 매우 크다. 그러므로 대통령의 정책의제 제시와 대안 결정 시 강력한 영향력의 행사가 필요하다.

조직의 설계와 조직 간 관계, 적합한 인재 등용 및 배치로 인한 조직의 운영은 대통령의 업적에 지대한 영향을 미치며, 대통령이 그 지위를 이용하여 통제할 수 있는 영역이라 할 수 있다. 이러한 측면에서 대통령의 최측근인 참모실·비서관 등의 조직은 이민정책의 전문성 즉, 이민정책 관련 전문지식, 정책분석과 위기대응 능력 및 실책이나 문제 발생 시 해결할 수 있는 정무적 판단 능력 등을 확보하여야 한다. 그러나 이민정책에 관련된 정부 부처의 범위가 워낙 넓어 조직구조를 구상하기 쉽지 않으므로 국가 이민정책을 통할하는 조직을 구상하여야 한다.

그러므로 이러한 복잡하고 다양한 정책에 대통령을 보좌할 수 있는 이민정책비서관을 신설해야 한다. 이는 이민정책의 전문성과 기획조정능력을 확립하고 명확한 지침을 관련 부처에 내려보내고 시시각각 변화하는 사안에 대한 정확한 정보분석과 판단을 전달할 수 있는 장점이 있다.

4. 이민정책 전담조직 설립

모든 정책이 그렇지만 정책의 성공과 실패는 조직과 예산에 달려있다고 해도 과언이 아니다. 그중에 조직의 역할은 더욱 중요하다. 예산은 1년 단위로 결정할 수도 있고 필요할 때 예비비나 추경을 받을 수도 있지만, 조직은 한번 구성되면 웬만해서는 바꾸기가 어렵다는 것을 여성가족부의 사례를 보면 잘 알 수 있다.

이민정책의 전신인 출입국관리업무는 1961년 외교부에서 법무부로 이관된 이후 법무부의 검찰국 소속 출입국관리과에서 시작하여 1970년 국(局) 단위인 출입국관리국으로 승격되었고, 2007년 본부체제로 개편되었지만, 법무부 내에서조차 검찰사무에 밀린 부수적인 업무로 인식되어 실제 타 부처를 설득하거나 조정할 수 있는 조직이 아니었다. 지난 문재인 행정부에서 검찰개혁이 화두가 되면서 법무부는 검찰과 힘겨루기에 온 힘을 쏟는 바람에 법무부 내 우선 정책 순위에서 밀리고, 제주 예멘 난민사태나 아프간인 입국과 체류 지원 등 그때그때 정무적 현안에 매달려 장기적인 정책을 제시하지 못한 것은 주지의 사실이다. 더군다나 오랜 시간 법무부 소속으로 있으면서 조직문화가 경직되었다. 그 결과 인구문제에 대한 대안 부재에 이어 코로나-19에 대한 대응 실패와 동포 간 차별한다는 반발을 불러일으키고 불법체류자 양산이라는 낙제

수준의 성적표를 받았지만 스스로 법무부 외청이나 타 부처 소속으로 조직을 개편한다는 소리는 중이 제 머리 깎는 것보다 어려운 현실이었다. 법무부 장관 입장도 골치 아픈 검찰 업무보다도 사회통합정책 등 생색내기 좋은 효자 카드가 많은데 군이 출가를 서두를 필요도 없이 자기 임기 중에 외청으로 독립은 안 된다고 공공연하게 말하기도 했다.

이런 조직운영의 한계 속에 우리나라 이민정책의 가장 큰 문제는 외국인, 동포, 결혼이민자, 외국인노동자, 유학생 등 각 대상자를 상대로 주관부서가 흩어져 있는 데 있다. 물론 이들 부처가 국익이라는 공동의 목표에 일사불란하게 움직이고 협업을 한다면 아무런 문제가 없겠지만, 지난 십 수년간 이런 협업은 거의 불가능에 가까웠고 기대할 수도 없었다. 이에 따라 관련 법도 부처에 따라 만들고 예산도 중복으로 집행되기도 했다. 이런 폐해를 해결하기 위해 국무총리 산하의 각종 위원회라도 통합하기 위해 대통령의 지시로 T/F를 만들어 추진했지만, 결국 부처의 벽을 넘지 못하고 실패했다.

정부조직을 개편하기 위해서는 어떤 공무원은 목을 쳐내야 하고 어떤 부서는 자리를 늘리는 것이기에 그야말로 목숨을 걸고 죽기 살기로 저항할 수밖에 없다. 이렇게 이민정책에 조정자 없이 지나온 세월 속에 인구문제는 더욱 심각해지고, 부처 갈등은 사회갈등으로 확대되었다.

이제 특단의 대책을 내어야 한다. 그 시기가 새 행정부 출범 초기이다. 새 정부조직이 정해지기 전에 해야 할 일이다. 그럼 그렇게 말이 많은 이민정책의 전담조직 즉, 컨트롤타워는 어떻게 만들어야 하나, 각론으로 들어가 보면 더욱 복잡해진다. 학자들의 이야기를 들어보자.

분산된 이민정책 즉, 동포정책, 외국인근로자정책, 다문화정책, 유학생정책, 결혼이민자정책 등을 전담하고 총괄해야 할 행정기구 설립에 관한 학자들의 의견은 유사하나, 그 구체적인 설립방식에는 차이를 보인다.

우선 김동욱(2012)은 출입국·외국인정책본부가 부처별 이민자 관련 정책을 이관받아 「출입국이민청」 즉, 부처 외청으로 확대되고 개편되어야 한다. 설동훈(2006)은 「출입국·이민·난민청」을 법무부 외청으로 두어 외국인과 이민자에 관한 정책을 총괄할 것을 제안하였다. 김태환(2015)은 「이민지원청」을 법무부 외청으로 설치하고, 결혼이민자, 이주노동자 관련 정책을 이관하여 운영할 것을 제안하였다.

반면 설동훈(2017)은 「국적·이민처」를 국무총리실에 신설하여 이민정책위원회의 심의·조정 기능을 제안하면서 여성가족부가 결혼이민자의 정착지원을 이민정책에서 분리하여 접근하는 것을 문제로 지적하였다.

서광석(2017)은 이민정책을 통합이관하여 운영하는 것에 대해 1안으로 단독 부처인 「이민사회통합부」를 신설, 2안으로 어느 한 부 소속에 「이민다문화청」 신설, 3안으로 기존의 출입국·외국인정책본부가 「이민정책본부」로 확대·개편할 것을 제안하였다.

우영옥(2019)은 출입국과 정책대상의 특성을 고려하고 정책 집행가의 전문성 확보가 필요하며, 이민정책관련 부처별 위원회를 하나로 통합하고 총리실 산하에 「이민처」를 신설하여 이민정책을 전담하여 총괄할 것을 제안하였다.

마지막으로 김연홍 외(2020)는 1단계 총리실 소속의 통합 「이민정책위원회」를 설치하고, 2단계는 1단계 위원회의 심의조정기능을 총괄하기 위한 「이민처」 신설을 제안하였다.

이렇듯 이민정책 전문가들은 모두 이민정책의 전담조직설립에 대한 필요성에는 공감하지만, 그 구체안은 제각각이다. 최근에는 여성가족부의 폐지가 확실시되면서 여성가족부의 업무였던 다문화가족정책을 어느 부처로 옮기느냐 하는 문제와 재외동포청 설치 공약까지 겹쳐 이민정책의 전담조직 구성은 더욱 난해해졌다. 각계의 다양한 의견을 크게 세 가지로 나누어 장단점을 살펴보면 다음과 같다.

첫째, 부(部) 단위의 조직을 신설하는 것이다. 명칭은 인구이민부, 사회통합부 등이 될 수 있다. 이는 국무위원인 장관이 직접 이민정책을 통할하여 중장기 인구와 이민계획을 구상하고 집행할 수 있지만 작은 정부를 지향하는 새 정부에서는 부담스럽다. 여성가족부를 폐지하는 대신 대체 부서로 사회통합부로 만들어 이민과 사회통합, 양성평등 업무 등을 하는 것은 대안으로 검토될 수 있다.

둘째, 국무총리실 산하의 처(處)로 이민정책을 옮기는 것이다. 명칭은 이민처, 이민동포처가 될 수 있겠다. 이는 현재 논의되고 있는 재외동포청 설치문제와 입장을 같이 할 수 있다. 국내 체류 동포정책은 재외동포법에 따라 법무부 소관 업무이니 이들을 합쳐 처로 조직을 구성하는 방안이다. 각 부처에서도 총리실 소속으로 하는 데는 크게 반대하지 않기에 조직 구성이 수월하다는 장점이 있다. 반면에 지방 집행조직이 중요한 업무의 성격상 집행업무가 소홀해질 수 있다는 단점이 있을 수 있다. 그러나 앞에서 제시한 분권화 절충형의 중앙과 지방정부의 이민정책집행 추진체계를 활용하면 단점을 보완할 수 있다.

셋째, 청(廳) 단위로 만드는 방안이다. 이민청, 출입국·이민청, 동포·이민청이 될 수 있다. 이는 현재 국적과 비자, 외국인 체류관리 그리고 출입국관리 등 실질적으로 이민정책업무를 관장하는 법무부의 출입국외국인정책본부를 청으로 승격시키는 것이다. 늦었지만 지금이라도 청 단위로 승격된다면 좀 더 독립적이고 조직적인 역할이 가능하다는 장점이 있다. 이 경우 청을 어느 부처에 소속하게 할지는 또 다른 문제인데, 법무부에서는 이 업무를 타 부처에 넘기는 거에 결사반대할 것이다. 기존의 전통적인 출입국관리와 국적 등 업무를 생각하면 이민정책이 법무부 고유의 업무라고 볼 수도 있지만, 급변하는 이민환경의 변화에 따른 사회통합과 필요인재의 적극적인 유치를 위해서는 기획재정부나 행정안전부 소속으로 두어도 무방하다고 본다.

결론적으로 말해 전담조직의 명칭이나 소속이 중요한 게 아니고, 그 기능과 역할을 제대로 발휘할 수 있는 것이 중요하다. 인구절벽과 지방소멸 시대에 이민정책을 대안으로 가장 잘 활용할 수 있는 조직이어야 한다. 청으로 시작해서 처로 그리고 부로 단계적으로 조직을 만들어나갈 수도 있다. 어떤 방안이든 지금이 아니면 골든타임을 또 놓치게 된다. 굳이 이민부를 가지고 있는 이민선진국은 우리와 비교할 바는 아니지만, 저출산 고령화로 장기 불황에 빠진 후발 이민 국가로 우리와 경쟁 관계에 있던 일본은 체류 외국인 293만 명 시대를 맞이한 2019년 고령화에 따른 노동력 부족에 대응하기 위하여 법무성 소속의 입국관리국에서 법무성의 외청인 출입국재류관리청으로 조직을 확대하였고 외국인력의 국내 유입 및 장기체류업무를 총괄하게 하였다.

13억 5천만 명의 인구 대국인 중국은 또 어떠했나. 중국 역시 인구문제를 국가급 어젠다로 채택하면서 한 자녀만 허용하던 산아제한 정책을 포기하고 이민 행정의 효율성을 높이고 기존 중복된 업무기능을 재편하기에 이르렀다. 2018년 4월에 공안부의 출입국관리국을 청 단위의 국가이민관리국으로 승격시켜 이민·국경관리·비자·난민·국제협력 업무 등을 총괄하고 있다.

이유 여하를 막론하고 한국의 사회 현실은 한국형 이민정책을 수립하고 추진할 가장 적합한 조직으로서 확대·개편되어야 하며, 국민의 합리적인 의견이 최종결정권자인 대통령에게 잘 전달될 수 있는 조직으로 전담기구가 설립되어야 한다. 그렇게 되면 각 부처로 산재 되어 있는 전담위원회도 저절로 통합되고 관련 법령도 정비가 된다.

제2절

사회통합기금 설치

이민자들은 다양한 이유 즉, 출신국을 떠나 국경을 넘어 공부를 위해, 결혼을 위해, 취업을 위해, 또는 과거 자신의 출신국(모국)이었던 대한민국으로 입국한다. 이민자는 국경을 넘어 입국한 후 일정한 기간, 거주지에 체류하면서 목적을 달성하게 되면 인간으로서 행복한 삶을 살고자 한다.

국가는 이주하여 온 그들에게 국경관리와 사회구성원 관리 측면에서 합법적 체류에 대한 규제뿐만 아니라 체류 동안 안정적인 삶을 영위하도록 기본여건을 제공해 줄 의무도 있다. 그들은 안정적이고, 행복한 체류환경이 조성되지 않을 때 또다시 이주할 국가를 찾아 떠나거나 그대로 머물러 국민과의 갈등 또는 분열의 형태로 나타나게 되어 사회통합의 위험요소로 작용되기도 한다.

한국은 현재 코로나-19로 인해 빈번하던 출입국과 급증하던 외국인이 다소 주춤한 상태이다. 그러나 이후 폭발적으로 외국인이 유입될 것으로 전망하고 있다. 이렇듯 외국인들의 유입에 따른 다양하고 돌발적인 사회통합문제를 해결하고, 그들이 한국 사회구성원으로서 기여할 수 있는 기반조성을 위한 방법의 하나로 사회통합기금을 설치하여 운용하는 방안을 제시하고자 한다.

이미 다양한 학술세미나, 정책토론회 등에서 전문가들은 증가하는 외국인의 지원과 관리를 위해서 사회통합기금의 필요성을 강조하였다. 정부의 적극적인 역할을 기대하였으나 늘 제자리걸음을 하기에 사회통합기금 설치를 더는 늦춰서 안 된다는 의미에서 새 정부의 최우선 과제임을 제안한다.

'외국인 사회통합기금 부처 간의 이견으로 하세월'
'외국인이 낸 돈으로 외국인 지원하자'
'외국인에게서 걷은 세금·수수료로 이민기금 조성해야'
'국내 체류 외국인 지원 비용은 외국인과 사업주 부담으로…'
'외국인 수용은 사회통합 차원에서, 수익자부담원칙의 이민정책'
'이민자 사회통합기금마련, 청와대가 직접 나서야'

위 문구들은 사회통합기금에 관한 언론의 보도주제이다. 함축된 주제는 사회통합기금의 설치문제, 기금조달방법, 추진 주체를 설명하고 있다. 결론부터 말하면, 사회통합 기금은 외국인을 대상으로 시행될 정착 및 다양한 지원사업뿐만 아니라 이민자의 유입 및 인적자원확보를 위한 정책의 한 부분으로 설치되어야 한다. 나아가 사회통합기금의 역할을 확대·발전시켜 국민과 외국인이 공존하며, 이민자가 한국사회 구성원이 되는 데 사용될 수 있도록 기금운용의 법과 제도가 뒷받침되어야 한다.

1. 사회통합기금이 왜, 필요한가

2019년 252만 명으로 정점을 찍고 이후 코로나-19 영향으로 인해 2022년 1월 현재 195만 명의 외국인이 국내에 체류하고 있으며, 장기체류 외국인은 157만 명으로 전년 대비 큰 차이를 보이지 않는다. 체류 외국인의 유형은 외국인근로자, 결혼이민자, 유학생, 외국국적동포, 전문인력, 난민 등 다양한 분포를 보인다는 점에서 이들에 대한 적정한 처우과 사회구성원으로서의 적응문제는 점차 해결해나가야 할 정책과제로 나타나고 있다. 그들의 다양한 체류 형태는 우리 국민과의 다양한 갈등문제를 어떻게 해결할 것인가? 문제해결을 위한 비용은 어디서 충당하며 어떻게 처리해야 하는가? 등의 문제는 매우 민감할 수밖에 없다. 왜냐하면, 지금까지의 문제해결 관련 비용을 국민의 세금으로 충당해왔기 때문이다.

정보통신과 교통의 발달은 다양한 인적교류와 경제·문화적 교류가 증가할 것이고 체류 외국인의 증가는 더욱 가속화될 것이다. 그와 관련한 비용에 대한 논의는 국가 예산의 부담뿐만 아니라 국민의 세금 활용에 대한 낮은 공감대 형성으로 매우 중요할 수밖에 없다. 저출산·고령화에 대한 복지 수요 등은 계속 증가하고, 향후 이민 사회통합 관련 예산의 대폭증액은 기대하기 어려운 실정이다.

2007년부터 정부는 지자체의 보통교부세 및 총액인건비 산정 수요에 등록외국인 수를 반영하여 지원하고 있다. 또한, 사회통합서비스 전달체계를 지자체 중심으로 구축하여 부처별 서비스 전달기관이 16개 광역시도와 256개 시군구에 무려 976개 기관[38]이 설치 운영되고 있다.

기관별 운영 주체는 다르나 관리 권한은 지자체에 이양되어 각각의 전달기관 간 차등적 예산 배분권을 인정하였다. 이렇게 함으로써 지역별 여건에 따라 관련 예산을 탄력적으로 집행할 수 있을 것으로 예측하였다.

그러나 이민정책 관련 예산의 편성 및 집행은 첫째, 국민 우선 정책 예산부터 배정하게 되므로 국민의 세금부담증가로 우선순위에 밀리는 문제가 있다. 둘째, 다양한 부처에서 일부 사업의 유사·중복성 및 다문화 가족에만 집중되어 이민자에 대한 종합적인 정책지원이 어렵고 예산의 비효율적 집행 현상이 나타나고 있다. 셋째, 이민자의 특성을 고려하지 않고, 사각지대 이민자에 대한 정책개발 없이 한번 기관을 이용해본 이민자 자료를 통해 계속 지원하는 퍼주기식 지원은 예산 운용에 있어 투입대비 효과성을 검증하는 평가체제[39]의 부재가 문제로 대두되었다.

이민사회통합 관련 예산편성과 집행은 각 부처와 지방자치단체의 '시혜적 일회성 시책' 등을 고려한다면, 수익자 부담원칙 또는 원인자 부담원칙에 따른 이민 사회통합 운용기금 신설에 대한 논의는 더는 늦추어서는 안 되며, 효율적인 방안으로 채택되어 실행되어야 한다. 그렇다면 이민 사회통합기금을 어떻게 설치하면 되는지 그 타당성을 살펴보자.

2. 사회통합기금 설치 방법

중앙 또는 지방정부는 기관운영과 다양한 정책을 수행하기 위해서 재원을 확보하여야 한다. 이러한 재원확보를 위해 「국가재정법」 제1조[40]에 따라 일반회계, 특별회계, 기금 등 「국가재정법」에 의해 규율되는 세 가지 방법을 비교해 봄으로써 이민 사회통합 운용기금설치 운용의 당위성을 갖고자 한다.

첫 번째는 일반회계로 설치하는 방법이다. 일반회계[41]는 조세수입 등을 주요 세입으로 하되 특별한 목적을 두지 않는 수입을 재원으로 국가의 일반적인 정부 활동에 사용된다. 일반회계는 국회의 심의·의결하여 예산이 확정되면 해당연도에 집행하여야 하며 예산편성 시 특정 수입과 연계하여 편성할 수 없다.

이민정책 관련 예산은 이민사회의 다양하고 돌발적인 상황에 대처해야 하는 탄력적인 예산 운용이 필요한데 일반회계방법으로는 현실적으로 필요한 예산을 충분히 확보할 수 없다. 국민의 세금으로 충당되는 일반회계의 경우 수익자 부담원칙을 중시하는 국민의 공감대를 형성하지 못하며, 현재로서 예산의 투입대비 정책의 효과검증이 부재한 상태에서 안정적인 재원확보는 어렵다. 또한, 외국인의 증가수준을 측정하기 어렵고, 매년 소요될 예산을 예측하기 쉽지 않기에 일반회계로 재원을 확보한다는 것은 이민 사회통합 운용기금설치에 적합하지 않다.

두 번째는 특별회계에 의한 방법이다. 특별회계[42]는 국가재정법 제4조 제3항에 의하면 국가의 특정 사업을 운영하고자 할 때, 특정한 자금을 보유하여 운용하고자 할 때, 특정한 세입으로 특정한 세출에 충당함으로써 일반회계와 구분하여 회계 처리할 필요가 있을 때 법률로써 설치[43]한다고 특별회계를 설명한다. 특별회계는 일반회계와 기금의 형태가 혼재되어 있으며 매년 필요한 재원을 일반회계와 같이 국회의 심의·의결절차를 통해 확정한다.

특별회계의 경우 부족한 재원을 추가경정예산을 편성해야 하므로 급변하고 돌발적인 이민정책에 신축적으로 대응하기에는 적합하지 않다. 국제이주 변화와 외국인의 변수 및 한국의 이민 사회 등을 고려한다면, 탄력적으로 예산 운용이 가능한 재원조달방법이 요구되므로 특별회계 방법은 적절하지 않다.

세 번째는 기금설치방법인데 기금설치 방법[44]은 국가가 특정한 목적을 위해 자금을 신축적으로 운용할 필요가 있을 때 한정하여 법률로써 설치하되, 정부의 출연금 또는 법률에 따른 민간부담금을 재원으로 하는 기금은 별표2[45]의 기금설치 근거에 규정된 법률에 따라 설치할 수 있다. 규정에 따른 기금은 세입세출예산에 근거하지 않고 운용할 수 있고

(동법 제5조 제2항), 기금관리 주체는 기금설치목적과 공익에 맞게 관리·운용하도록 명시되어 있다(동법 제62조 제1항). 이러한 규정에 따라 특정사업을 위한 재원은 다양한 수입원으로 마련할 수 있다. 기금은 특별회계와 마찬가지로 국회에서 심의·의결로 확정되나 집행은 목적에 적합하게 상대적으로 자율성과 신축성이 확보된다.

기금운용의 특성으로는 주요 항목 기준 내에서 환경변화에 따른 예산지출을 탄력적으로 집행할 수 있으며, 미집행액의 처리도 기금으로 적립되어 다음연도의 재원으로 이용할 수 있다. 이러한 기금의 특성은 불확실하고 돌발적인 외국인 정책의 예산 운용에 탄력적으로 적용할 수 있다는 면에서 적합하다.

기금의 재원확보 방안의 경우 여유자금 없이 배분된 예산에만 의존하는 특별회계와 달리 장기목표달성을 위한 예산편성과 재정지출이 수월하다. 기금관리 주체가 운영 계획(안)을 수립할 수 있으며, 기획재정부 장관의 협의 또는 조정이 가능하다.[46] 5년 단위, 10년 단위, 20년 단위의 장기목표를 세우고 한국형 이민정책의 비전과 추진과제를 수립해야 하는 이민정책은 기금운용의 자율권이 보장될 경우 경제 상황의 변화, 정치적 영향력으로부터 보호받고, 지속성을 유지할 수 있다. 기금운용의 자율권은 탄력적인 예산집행만 인정하는 것에 국한해서는 안 되며, 예산의 집행 시기, 권한 및 책임 등이 동반하는 자율성을 포괄해야 한다. 자율권에 따른 재원확보와 집행은 특별회계와 구별되며, 그 역할이 충분히 보장되는 것이 기금이다.

따라서, 국제이주환경에 따른 다변적이고 돌발적인 상황에 대처해야 하는 이민정책은 국가재정법 제5조에 의한 기금설치가 적합하다. 이러한 기금설치 방법을 도입해야 할 당위성을 제시하는 다른 법적 근거는 재한외국인 처우 기본법 제1조[47] 목적을 살펴보면, 재한외국인의 한국

사회적응과 능력 발휘를 위한 지원 및 국민과의 공존을 위한 사회환경을 만들고 국가 발전에 도움이 되어야 한다고 명시되어 있다. 이는 '이민 사회통합 운용기금' 설치의 취지와 효율적인 재원 운용의 방향을 제시한다.

3. 사회통합기금 설치 시 고려요소

일반적으로 기금을 새로 만들 때 고려해야 할 사항이 있다. 기금설치에 관한 심사기준은 국가재정법 제14조 제2항48의 기준에 따라 적합성 여부를 심사한다. 즉, ① 목적성, ② 신축성, ③ 안정성, ④ 효과성 등을 구체적으로 살펴보면:

첫째, 목적성에 부합할 수 있는 재원조달은 외국인등록 시 부담금, 귀화 · 국적회복 등 수수료, 외국인 근로자 고용사업주 등 외국인 체류 관리 수수료, 과태료, 출입국사범의 범칙금 등으로 목적사업과의 연계성은 매우 깊다. 부담금은 외국인의 '체류 생애 시기' 즉, '입국 전−출입국−사증발급−체류−영주−귀화' 등 출입국관리법에 따라 장 · 단기 체류가 이루어지며, 그로 인해 사회통합정책이 수립 · 추진된다. 특히, 귀화는 대한민국 국적을 취득하였으므로 우리의 국민이지만 귀화 후 사회적응을 위해 3년까지는 다양한 사회통합 시책을 지원받도록 법으로 규정하고 있다(외국인처우법 제15조).

재원확보를 위한 외국인 관련 수입의 규모를 보면, 2014년 이전에 천억 원 미만이던 수입은 2014년 1월 1일부터 개정된 출입국관리법 시행규칙과 국적법에 따라 각종 수수료와 범칙금 및 과태료 등이 2배 인상되어 매년 1천억 원 이상의 수입이 발생하는 것을 알 수 있다.

[외국인납부 세금(수수료, 범칙금 및 과태료 등)]

(단위: 억 원)

연도	2009	2010	2011	2012	2013	2014	2015	2016	2017	2018	2019	2020
수입규모	713.5	850.6	837	639.5	634	1,015	1,045	1,099	1,153	1,325	1,173	1,109

자료: 국가안전 분과위원회(2014), 2014~2018년 국가재정운용계획, p.74, 라휘문
(2021) 이민통합기금의 설치요건과 방향, p.98, 재구성

둘째, 신축성으로 이민정책의 사업특성은 탄력적인 추진력이 필요하다. 국내 체류 외국인 수는 2007년 최초로 100만 명이 넘어섰고, 10년 후인 2017년에는 218만 명으로 2배 이상 급증하였다. 2019년 252만 명으로 정점을 찍고, 코로나-19 이후 2022년 1월 말 현재 195만 명으로 감소하였다. 그러나 향후 외국인의 급증은 전망되고 있다. 이와 더불어 다양한 체류유형과 정착하는 외국인의 증가변화는 이민정책과 대상의 다변화로 인해 새롭고 적합한 사업이 요구된다. 이에 예산의 증가와 탄력적 대응을 위한 재원의 조성은 매우 필요하다. 이러한 점에서 일반회계 또는 특별회계로 예산을 조달할 경우 정책수행에 경직성과 한계점이 있기 때문에 외국인의 사회통합 정책을 위한 '이민 사회통합 운용기금'의 신설은 타당하다.

셋째, 기금조달의 안정성은 매우 중요하며, 기금 재원의 유입변동 폭이 클 경우 기금 신설에 따른 정책실패로 이어질 수 있다. 현재 사회통합을 고려한 외국인정책을 중·장기적으로 수립하기에는 어려움이 많고, 단기적인 일회성 시책의 수준에 머물러 있다는 점을 고려한다면, 지속적이고 안정적인 예산지원은 신축성 있는 정책집행으로 이어질 것이다. 기금의 재원은 근본적으로 국내에 입국하는 외국인의 수에 비례하며, 체류 외국인의 수와 연동될 수 있어 신축적인 재원은 중·장기적으로 안정성 있는 재원조달이 될 것이다.

넷째, 새로운 기금설치를 통해 수행한 사업의 효과성은 급변하는 국제이주환경에 외국인에 관한 정책을 탄력적으로 대응할 수 있다. 또한, 예산의 분야별 분배 및 집행의 효율성을 높이면서 사업의 중복성과 대상의 사각지대를 해소할 수 있다. 기금설치를 바탕으로 이민 사회통합 정책을 국가 차원의 종합적인 관점에서 정책의제를 설정하고, 문제를 파악하여, 정책목표를 설정하며, 정책별 대안개발 및 분석을 통해 정책을 집행하고, 정책을 평가하는 과정을 통해 기금의 효과성은 제고될 것이다.

따라서, 정책과정 속에 다양한 이해관계자 및 관련 기관 간의 협업을 효과적으로 수행할 수 있으며, 기금이라는 정책수단을 활용하여 정책조정기능을 회복할 수 있다. 또한, 장기적으로 외국인의 수가 늘어날 것을 고려할 때, 이민정책에 쓰일 재원 운용은 자율성과 탄력성 및 신속성이 요구되며, 이러한 심사기준의 적합성에 따라 이민 사회통합 기금의 설치는 매우 타당하다고 볼 수 있다.

적합성과 함께 또 하나 갖추어야 할 것은 기금설치를 위한 근거 법률의 마련이다. 기금설치를 위한 근거 법률은 두 가지 방법을 제시할 수 있는데 하나는 독립법안이고, 다른 하나는 기존의 법률에 기금설치에 대한 조문을 포함하는 것이다. 전자는 여러 가지 까다로운 절차와 신규법률을 제정하기 위해 많은 시간과 노력이 필요하다. 후자는 기존의 법률 즉, 재한외국인 처우 기본법을 활용하는 방법으로, 가장 적합하다고 판단된다. 이유는 심사기준의 적합성 항목 중 목적성에 부합되는 즉, 조달된 기금의 재원이 목적사업과 긴밀한 연계성을 가져야 한다는 것은 재한외국인 처우 기본법 제1조(목적)와 유사성을 가지고 있다. 이처럼 신규법률 제정보다는 목적이 유사한 재한외국인 처우 기본법에 조문 신설이 바람직하다. 물론, 조문 신설에도 많은 시간과 노력이 필요하지만, 기본법률에 사회통합 기금설치·운용계획 수립 등, 기금운용에 대한 구체적인 조문을 신설하는 것이다. 이민자·외국인정책을 추진하기 위한 재원 조달은 출입국관리법 제87조(출입국관리 수수료), 제100조(과태료), 제102조(통고처분) 등에 따라 가능하므로 재한외국인 처우 기본법을 활용한 조문 신설방법은 매우 바람직하다.

현재 제4차 외국인정책 기본계획의 수립단계로 사회통합기금설치는 매우 중요한 시점을 맞이하고 있다. 또한 이 시점은 새로운 정부의 출범을 바탕으로 각 부처 간의 협업을 유도할 수 있고, 예산의 중복 및 낭비를 줄일 수 있다. 무엇보다 중·장기적 관점에서 외국인과 국민과의 통합지원서비스에 대한 한국형 이민정책의 추진 방향과 체계를 세울 수 있다.

따라서, 이민정책이 인구정책이라는 중요한 국가 미래정책을 추진하기 위해서는 사회통합기금설치는 매우 절실한 상황이다. 이와 더불어 기금을 운용하기 위한 근거 법률마련뿐만 아니라 운영조직의 직위가 승격되어야 한다. 현재의 조직으로서는 예산을 확보해도 운용하기 쉽지 않은 위치이므로 혁신적인 조직의 확대·개편이 동시에 이루어져야 하는 이민정책전담조직의 설립은 매우 중요하다.

제3절

사회통합정책 활성화

앞으로 각 부처에 분산되어 있는 이민관련 정책들을 한곳에서 종합적으로 관리해야 한다. 이민 개방국가로의 방향을 잡아줄 수 있는 전담기구가 설치되어 각각의 정책적 역량을 펼칠 수 있도록 운영되어야 한다. 무엇보다 한국의 이민정책을 언급할 수 있는 철학적 기조를 바탕으로 향후 포괄적인 인구정책의 근간이 될 수 있어야 한다. 더불어 노동정책, 동포정책, 난민정책, 결혼이민자 정책, 유학생 정책 등은 국가의 잠재력 개발과 경쟁력을 높임으로써 세계중심의 안전한 이민 통합사회로 성장할 수 있는 정책개발 환경이 조성되어 이민강국으로 나아가야 한다.

1. 사회통합 정책추진 시 고려해야 할 사항

우리는 이민정책에 관해 수없이 많은 질문을 던지고 고민하고 있다. 앞서 제Ⅰ장과 제Ⅱ장에서 한국의 다문화적 요소와 이민정책의 현주소를 토대로 한국형 이민정책을 어떻게 모색하고 실천해야 할지 살펴보았다. 이를 바탕으로 사회통합정책을 추진 시 고려해야 할 사항을 토론하여 제시하고자 한다.

4차 산업혁명으로 인한 시간과 공간을 초월한 국제이주 시대에, 우리는 지구촌에서 희로애락을 함께 하는 공존의 삶을 살고 있다. 그렇다면 이민정책은 인구정책의 대안뿐만 아니라 인구정책 그 자체라고 할 수 있다.

이민은 국제이주 현상으로 정착하는 국가에서 지역경제의 성장, 고용, 실업과 함께 집단 거주지 형성, 인적자원, 교육, 환경, 문화 등 다양한 영역에 많은 영향을 미친다. 외국에서의 인구를 유입하는 이민정책은 한국의 저출산·고령사회 문제를 바꾼다는 사회진화론적 논의보다 현재의 인구구조 변화에 따른 위기 상황에서 지정학적 국제관계를 바탕으로 한 국내·외 정치적 연계를 통해 인구정책 또는 인구문제 해결의 전략으로 대두된다.

이민자 유입정책은 부족한 노동시장의 현실 속에서 생산가능인구를 확보할 수 있으며, 출산으로 인한 아이들의 성장 속도에 맞춰 탄력적인 인적자원을 활용할 수 있다는 장점이 있다. 또한, 산업현장에 필요한 우수, 전문, 비전문 등 사각지대의 노동력 부족을 메울 수 있는 효율적인 노동 인력 활용정책이 가능하다.

국내 체류 등록외국인은 전체 인구의 3.1%에 달하며, 한국 사회 곳곳에서, 국민의 손길이 닿지 않는 곳에서도 그들의 역할로 지역경제는 움직이고 있다. 우리는 이민정책에 관한 시행착오와 경험의 축적을 바탕으로 최근에는 보편성을 추구하고 있다. 한국은 전통적 이민 국가도 아니요, 소수민족으로 구성된 다양한 언어를 사용하는 다민족 국가도 아니다. 또한, 유럽의 국가들처럼 러시아, 중국, 일본 등 인접 국가와 한국 간의 구심점도 없다. 특히, 남북한 분단으로 인해 해방 이후 동포(사할린, 중국 등)의 귀환은 냉전이나 정치이념으로 지체되었고, 내륙을 통한 국가 국경관리에 대한 경험이 없다는 점은 여타 이민 국가와는 결이 다른 요인들로 국내·외 환경이 혼재되어 있다.

사회를 변화시키는 이민의 동력은 첫째, 이민의 지속성을 위한 이민의 지역 및 국가 등 대상지의 선택이요, 둘째, 이민의 영역별 규모요, 셋째, 이민자의 자원으로서의 질 관리 등 세 가지로 꼽을 수 있다. 현재까지 정부는 전반적인 한국의 이민정책을 모색하고 추진하기 위해서는 총괄적 역량을 발휘할 수 있는 구조와 전략적 사고가 부재하였다. 즉, 외국으로부터 우수 인재 유치 또는 생산가능인구의 유입을 위해 어떤 분야(영역)에 어느 지역 또는 국가에서 어떠한 사람을 얼마나 어떻게 유치하는가라는 대상지의 선정과 질적·양적 이민정책에 대한 부처 간의 협업은 미흡하고 부처이기주의에 매몰되었다고도 볼 수 있다.

　그러므로 한국형 이민정책을 수립하기 위해서는 정책참여자와 이해관계자의 정치적 권력을 기초로 지정학적 또는 국제관계의 정치환경요인을 고려하되 정책추진을 위하여 이민의 대상지, 규모, 질 등을 고려해야 한다.

1) 이민의 대상지 (국가, 지역)

　이민의 대상지는 출신 국가의 유대관계 측면에서 어느 국가 또는 지역으로부터 어떠한 이민자를 유치할 것인지 대상지의 선정 또는 배제를 말할 수 있으며, 국내에 유입될 전문인력, 외국인근로자, 동포, 난민 등에 대한 출신 국가와 전략적 관련성이 깊다. 정부는 대상지를 선정할 때 이민자의 국내 조기 적응 등 사회통합관점에 주목하는 경향이 있으나 국가 간의 역사적 경험과 정치 외교적 관계의 중요성을 간과해서는 안 된다. 이미 정치적 행위인 외국인 인력을 모집하고 채용하고 있지 않은가. 노동경제시장 개방이나 지역의 분쟁과 같은 글로벌 차원의 국제관계나 국제정치로 확산·전이되고 있으며, 글로벌 인재전쟁 속에 이미 들어와 있다고 볼 수 있다. 또한 사회통합 측면에서 이민자 모국과의 네트워크를 간과해서는 안 된다. 즉, 가족과 친구 그리고 동료와 맺어진 관계 속에서 이민자의 거주 관리는 국가 간의 우호적 또는 분쟁의 원인이 될 수 있다.

이민정책의 대상지에 대한 선정과 배제는 전적으로 대통령의 정책철학과 국민의 가치와 공감대가 관여되는 영역이고, 정부가 경제, 인구 등 정책을 구상한다는 상징적 국가정책의 영역이다. 이때 우리나라와의 군사적 충돌 경험, 상호 우호적 역사적 사실 공유, 유사한 정치체제의 존재, 문화와 종교, 지정학적 위치 및 해당 국가나 지역으로부터의 정치적 영향 및 경제적 예속 우려 등은 고려해야 할 요소이다. 이는 반이민 정서를 조성하거나 국민의 긍정적인 공감대 형성이 어렵다.

2) 이민의 규모(영역)

이민의 규모 및 영역은 어떠한 산업에, 얼마만큼의 이민자를 장기 또는 단기 비자로의 유입을 허용해야 하는지 양적 이민에 관한 것이다. 정부는 현재 비자쿼터제를 추진하고 있다. 이것은 국내·국제 연계정치가 적용되는 영역이다. 외국인고용법[49] 제4조 제2항에 근거하여 외국인력 정책위원회는 매년 다음 연도에 5개 업종 즉, 건설업, 농림축산업, 서비스업, 어업, 제조업에 도입할 방문취업(H−2)과 외국인 근로자 비전문취업(E−9)의 단순노무자 유입 규모를 심의·의결한다. 그러나 지역별, 산업별 구체적인 유입 규모를 예측·결정하는 구조는 현재 없으며, 영역별 미치는 효과분석 또한 없다.

또한, 외국인근로자의 출신 국가가 한쪽으로 치우치지 않고, 다양할 수 있도록 해야 함에도 어느 특정 국가가 반 이상을 차지하는 불균형적 양태를 띤다. 외국인의 유입은 국민의 일자리침해를 보호하는 것 외에도 전반적인 국민경제 즉, 산업과 교육 및 인구 등에 미치는 부정적인 영향 그리고 국가별 정치적 영향력을 최소화하기 위해서라도 체류자격과 국적별로 균형을 유지할 수 있도록 분포가 형성돼야 한다. 이를 위해 장기이민 비자 쿼터의 제도도입이 요구된다. 이는 장기거주 이민자의 수가 어느 특정 국가에 편중될 경우 그 국가의 외교·정치·민족성·경제 등의 변수가 우리나라의 다양한 변화상황에 변수가 될 우려가 크기 때문이다.

더욱 중요하고 심각한 것은 출입국관리법 제10조의2, 제10조의3(일반비자와 영주비자), 출입국관리법 제18조 제1항(취업비자와 비취업 비자), 외국인근로자고용법 제2조(전문인력 비자와 비전문인력 비자)에 체류자격 구분이 엄격히 되어 있으나, 외국인력정책위원회와 외국인 정책위원회 간의 협업체계가 없다는 것이다. 두 위원회의 통합적 운영을 통해 외국인 인력의 규모를 정책과정에서 상호 논의를 통해 국민의 고용이 침해되지 않도록 억제나 견제 및 감독 등의 기능 강화가 필요하다.[50]

3) 이민의 질(인적자원)

해외 인적자원 유입에 있어서 어느 분야, 어느 영역에 필요한 기술과 지식수준을 보유한 누구를 선발하는가에 해당한다. 이민의 질은 지역경제의 활성화나 사회통합에 유리한 외국인을 유치하기 위해 어떠한 비자를 어떻게 도입 운영할 것인지 등 이민비자 제도운영에 관한 문제이다. 정부는 현재 이민자의 특성에 대한 부분을 간과한 채 외국인근로자를 선발 유입하는 제도로 시행하고 있다.

단계별 숙련된 기술인력을 유입시키기 위해 신축성 있는 비자 제도를 활용하여 이민비자 제도의 다양화를 모색하여야 한다. 비자 제도는 중앙부처나 이해관계자의 정책 수요에 따른 입장의 차이로 발생하는 갈등 해결을 위한 기능으로써 정책조정수단을 갖고 있다. 산업별 필요한 숙련기술인력뿐만 아니라 저숙련인력 확보를 위해 선행되어야 할 것은 최저임금 보장과 4대 사회보험 가입이다. 현재 국민과 외국인 모두에게 근로기준법에 준해 실행되고 있으나 산업현장에서는 그러하지 못하고 있다. 특히, 농림축산어업과 같은 특정업종에서는 보험 가입을 의무제로 하여 산업현장의 안전을 보장해야 하며, 시기별 인력 부족 현상으로 인한 외국인의 임금상승 제한 등 탄력적인 정책이 운영되어야 한다.

산업에서 필요로 하는 숙련기술인력확보 전략은 첫째, 현재 운영되고 있는 단순 노무인 고용허가제도를 취업허가제 또는 노동허가제로 전환하여 선발 유입해야 한다. 지난 2년 동안 코로나-19로 인해 산업별 인력난을 해소하기 위해 여러 관계기관의 노력에도 불구하고 임금상승과 외국인 근로자 고용 경쟁으로 많은 어려움을 겪었다. 또한, 사업장 변경 제도로 인해 사업주와 외국인 근로자 간 인권문제가 발생한 점을 볼 때 외국인 근로자가 스스로 선택한 취업 또는 노동의 허가는 고용허가제의 병폐를 제거할 것이다.

둘째, 전국에 산재해 있는 대학교(기술전문대학 포함)에 유학 온 유학생(D-2)과 일반연수(D-4)를 활용하여야 한다. 학교별 유학생의 국적과 수는 다르나 대다수 유학생은 한국에서 취업하기를 희망하고 있다. 학교와 산업의 연계구조 속에서 이공계뿐만 아니라 인문계 학생을 대상으로 맞춤형 연계 교육을 통해 전문인력 양성을 추진하여야 한다. 취업업종과 근로 기간에 따른 체류자격 변경 등의 혜택을 부여하여 국내 인력 부족을 대처한다면 침체한 지역대학을 활성화할 수 있으며, 벚꽃이 피는 순서대로 대학이 망한다는 말은 사라질 것이다.

셋째, 재정착 난민(F-2), 인도적체류허가자 등을 활용한다. 난민의 경우는 국제사회의 책임분담 측면에서 외국인력 유입의 다양성으로 제시될 수 있다. 난민에 대해서는 국내 신청자뿐만 아니라 UNHCR(유엔난민기구)의 추천을 통한 검증을 거쳐 숙련기술력을 가진 선발된 가족 단위의 재정착 난민을 다양하게 공급받을 수 있는 경로확보가 필요하다. 또한, 다양한 사유로 기타(G-1) 비자를 받고 체류하는 외국인은 출국을 회피하거나 지연하는 경우가 다수이다. 이들이 위험에 노출되지 않고, 국민의 일자리 훼손을 예방하는 측면에서 사회통합프로그램 평가제도를 활용하여 단계별 체류자격을 부여한다면 늘 체류에 대한 불안했던 삶에서 벗어나 유효한 인력이 될 것이다. 단, 범법행위나 기타(G-1) 비자를 악용하는 사례에 대한 대처방안도 필요하다.

우리는 앞에서 이민정책이 인구정책이라는 전제하에 저출산·고령사회 인구구조의 변화추이를 살펴봤고, 우리나라에 장기체류하는 외국인, 동포들의 현황을 파악하였다. 그것을 바탕으로 미래 대한민국의 인구확보와 국가경쟁력 제고를 위해 이민정책의 핵심요소 즉, 이민의 대상지(지역, 국가), 이민의 규모(영역), 이민의 질(인적자원) 등 세 가지는 인구정책의 대응전략이다. 더 늦기 전에 한국형 이민정책에 철학을 담은 정책기조와 홍익인간이 실현될 이민정책이 모색되어야 한다.

대한민국의 지정학적 위치는 남북이 통일되지 않은 현시점에서는 섬과 같은 나라이다. 한국은 K-POP, K-FOOD, 한국어, K-방역시스템 등 한류의 영향으로 세계의 최대관심 속에 중심이 되었다. 그러나 인구감소로 지방소멸까지 이어진다면 국가경쟁력은 차지하고 우리나라의 존재감마저 점차 사라질 것이다. 역사와 전통을 지키며, 세계인과 공존하는 미래 대한민국의 큰 그림 속에 한국형 이민정책을 펼칠 수 있는 정치환경이 조성되어야 한다.

4) 가상조직과 전문직업인제도

이민자 다수는 고용센터, 출입국·외국인청(사무소) 등 정부 산하 조직이나 각종 지원센터 등 준정부조직(민간위탁)에 직접 방문하기에 어려운 접근성과 근무시간을 활용하는 문제가 뒤따르고 있다. 또한, 이민자의 체류관리를 위해 입국 전, 입국 시, 입국 후를 관리할 수 있는 체류 생애 시스템이 요구된다. 더불어 현재 한국어 교육, 사회통합프로그램 등 일부 서비스는 사이버 공간상의 전달체계로 진행되고 있으나 접근성과 시간의 활용에 따른 문제해결을 위해서는 가상조직의 도입도 필요하다.

우리는 현재 각 대학에서 운영하는 시공간을 초월한 사이버교육을 활용하고 있다. 특히, 코로나 −19로 인한 비접촉 상황에서는 교육분야, 의료분야 등에서 적절한 방법으로 활용되어 효과를 나타내었다.

우리나라의 탁월한 정보기술을 활용한 가상조직을 구축하여 활용한다면, 시공간을 초월하여 비용을 줄이는 것 외에, 부처 간 이민정책의 기능 통합과 회의를 위한 방문시간 절약, 출장비용 등을 절감할 수 있다. 또한, 출입국·외국인청(사무소)이 설치되지 않은 지역에 사이버공간을 활용한 가상조직의 역할은 비용·편익 측면에서 효과적이다.

가상조직은 지리적 한계를 넘어 다양한 대상과 업무, 활동 등 국내지역 활동에 대한 명시된 비자발급 심사를 직접 실행이 가능하며, 이를 통해 동포의 자본 유치, 관광 등을 통한 지역경제 활성화 및 우수 인재 유치가 수월할 수 있다. 이와 더불어 한국의 다양한 이민정책 홍보와 긴급하거나 맞춤형 정책정보를 제공할 수 있다. 이러한 가상조직(Virtual Organization)은 가상공간에서 팀이나 조직을 구축하여 업무를 처리하는 집합체로서 활동하는 조직이다.

가상조직과 유사한 메타버스(metaverse)는 온-오프라인이 통합된 방식으로 가상공간과 현실 세계가 결합된 원격세계로 향후 이민정책에 적용될 전망이다. 이를 위해 IT 기술이 접목된 업무 매뉴얼이 새롭게 마련되어야 하며, 인공지능(AI)기술은 이민정책을 집행하는 자동화된 심사

체계로 운영이 요구된다. 그에 따른 개인의 정보보호와 동시에 본인확인이 가능한 생체정보 등 신분증의 디지털화가 도입될 수 있다. 정보기술의 발달과 빠른 변화는 그에 적합한 사무처리시스템을 구축해야 하며, 이민법이나 지침 및 대상자 정보 등은 부호화, 수량화함으로써 외국인의 다양한 신청업무처리의 진행절차와 소요 시간을 줄임으로 빠르고 정확한 서비스를 제공할 수 있다는 장점이 있다.

가상조직을 도입하기엔 예산투입과 시간이 걸리므로 현재 총 7개국 12개 지역에 설치된 비자신청센터를 확대하는 게 대안이 될 수 있으며, 이 중 1~2곳은 가상조직으로 시행해 보는 것은 미래 지향적 서비스 정책이라고 할 수 있다.

다만, 가상조직, 메타버스 등 첨단기술의 활용에 따라 팀이나 조직이 결성되어, 서비스접근이 수월하게 될지라도 이를 처리할 수 있는 전문인이 부족하다면 무용지물 정책이 될 것이다. 현재 외국인들은 정보습득이나 한국의 이민법규정을 제대로 이해하기 어렵고, 행정절차 등의 이해가 부족하여 관련 업무를 대행기관에 위탁하고 있다. 이러한 업무를 변호사나 행정사가 출입국관리법에 따라 대행기관으로 등록하여 신청업무를 대리하지만, 제대로 된 교육을 받지 못한 대행기관이 이민정책의 잘못된 정보전달을 방지하기 위한 이민정책 관련 전문지식과 자격요건을 갖춘 전문직업인제도의 도입이 요구된다. 뿐만 아니라 담당 공무원의 전문역량을 확보할 수 있는 선발제도도 개선되어야 한다. 전문직업인제도 도입은 시장원리에 기반한 민간부문의 전문성이 활용되는 신공공관리 영역으로 전문직업인이 가상조직의 기능과 연계한 상담과 외국인을 위한 행정의 능률성도 확보될 수 있다.

5) 국익을 위한 정책평가

이민정책을 추진하면서 지역의 경제성장에 미치는 영향을 고려해야 한다. 지역에서 생산과 소비 등 경제활동이 활성화되는 정도의 크기를 지역 경제력이라고 하며, 지역내총생산(GRDP)[51]지표가 주로 이용된다. 이는 국가이익을 측정하기 위한 대표지표로 활용될 수 있다.

이민의 영향력은 지역별 또는 학자마다 저학력 비숙련노동자, 전문인력, 단순 기능 외국인 등 상이한 변수선택으로 각기 다른 결과를 보인다. 이민정책에 대한 국민의 공감대를 형성하고 이민으로 인한 지역 경제성장에 대한 효과를 오해 없이 신뢰하고 제대로 인식될 수 있어야 한다. 이를 위해 광역시도, 기초자치단체, 이민자 집중도시, 농어촌 지역 등으로 세분화하여 지역별, 주기별 조사를 통한 분석결과를 토대로 중앙정부로부터 지역의 특성에 적합한 이민정책의 수립에 반영될 수 있도록 동일한 조사와 분석방법이 요구된다.

이민은 지역의 고용과 실업 문제에도 밀접한 관련성을 띠고 있다. 국내 노동시장에서 국민 노동 인력의 수요와 공급이 일치되지 않는 경우 외국인의 노동력은 완충 기능을 가지며, 수요공급의 불일치영향은 외국인의 이주 변화로 연결된다. 노동이민정책의 긍정적인 효과를 파악하기 위해서는 노동시장과 국민의 일자리에 어느 정도 영향을 미치는지, 지역주민의 실업이 발생하였는지를 파악해야 한다. 지역의 실업률은 이민이 지역경제에 미치는 영향력을 측정할 수 있으며, 노동생산성 제고를 위한 대안을 마련할 수 있다.

이민이 국민의 일자리에 미치는 영향력은 국민의 생산력과 경쟁 관계 상황에 따라 다르다. 국민과 이민자와 서로 보완관계에 있으면 이민으로부터 혜택을 얻으며, 반면에 경쟁 관계라면 손해를 보게 된다. 지역의 특성과 산업의 구조에 따라 이민이 경제에 미치는 영향은 지역마다 차이가 있다. 지역주민은 이민으로 인해 자신의 일자리감소와 이민에 대한 반대의견을 확산시킬 가능성이 있으므로 중앙과 지방정부는 정확하고 폭넓은 실증자료를 활용하여 노동시장의 효과분석이 필수적으로 요구된다.

이때, 평가 환류는 신뢰를 담보로 국민과 외국인의 비율, 밀집 수준, 대·중·소도시, 전국의 평균 물가상승률 등을 고려하여 외국인 유입으로 인한 노동시장에 미치는 영향력을 조사·분석하여 지방정부의 고용정책에 반영되어야 한다.

이민은 외국인의 밀집 지역을 형성하기도 하며, 그로 인해 국민과의 통합의 어려움 및 언어와 문화 정체성이 고립되기도 한다. 외국인 밀집 지역은 외국인의 거주 또는 취업처가 특정한 지역에 공간적으로 한정되어 집중된 상태를 의미한다. 이렇듯 특정 지역에 모이게 되는 이유는 첫째, 이민자 상호부조의 필요와 관계망 구축을 위해, 둘째, 중앙과 지방정부가 경제 상황에 따라 특정 지역 출신의 국가로 이루어진 공동체 또는 비즈니스 타운 조성 등이다.

외국인의 지역 밀집 현상은 인력공급망의 형성, 지역 경제성장에 도움이 되며 반면에 같은 부류의 이웃이 점점 많아지면 다른 부류의 이웃은 거주지를 다른 곳으로 옮기게 된다. 안산시 원곡동의 한 초등학교가 그 예이다. 초기에는 국민의 자녀가 대다수였으나 점차 외국인의 자녀가 증가함으로써 국민의 자녀를 인근의 다른 학교로 전학을 시키는 경우가 발생하였다.

이렇듯 밀집 거주지역의 순기능과 역기능으로 인해 거주지 분리가 일어난다. 순기능으로 인한 거주지 분리는 긴밀한 사회적 유대와 네트워크를 특징으로 민족 문화를 유지하려 하고, 역기능으로 인한 거주지 분리는 집단 내 결혼, 직업의 분리, 모국어 유지로 인해 개인의 경제소득에 부정적인 결과를 초래하며, 게토화 우려가 있다.

외국인의 밀집지역 형성이 좋은지, 나쁜지에 대한 가치판단은 쉽지 않고 각각의 사안에 따라 평가해야 한다. 이는 주변 국가와의 정치·지리학적 관계도 고려되어야 할 요소이기 때문이다. 특별지방행정기관과 지방자치단체는 외국인의 밀집 지역을 어떤 출신 국가나 체류자격을 가진 이민자가 주도적으로 형성되고 있는지 지속적인 모니터링을 해야 한다. 또한, 지역의 귀화자, 이민자 자녀, 소상공인 등을 대상으로 한 인터뷰 등을 종합하여 공간정보와 지도분석 등 지속적인 정보축적이 요구된다. 이러한 정보축적은 밀집지역에 대한 정책개발뿐만 아니라 소멸지역으로의 연계정책을 개발할 수 있다.

2. 주요 대상별 이민정책 활용방안

국가 간 국경을 넘어 이동하는 이유는 노동력제공, 국제결혼, 난민, 사업, 교육 및 초청에 의한 가족 이민 등 다양하다. 이주한 그들의 안정적인 정착, 순환 귀국 등 국가의 법안에서 규율하는 것을 외국인정책 또는 이민정책52이라 하며, 대상별, 체류자격별 이주 흐름을 수치화하여 통계로 알 수 있는 것 또한, 국경관리 이민정책이다. 이와 더불어 국민과 공존을 위한 다양한 교류의 사회통합정책도 이민정책이다.

이민정책은 인구의 이동과 함께 발생하는 정책이므로 인구정책이라고 볼 수 있다. 이러한 이민정책을 두 가지로 구분할 수 있는데 하나는 국내에서 국외로 인구를 송출하는 이출 정책과 다른 하나는 외국에 있는 인구를 유입시키는 이입 정책이다. 국가마다 이민정책에 대한 기조는 다르지만 대체로 국내 경제와 노동시장을 고려하거나 이민자특성에 대한 국민의 인식 등을 고려하여 다양한 이민정책을 결정한다. 국가의 인구 유입과 이출에 대한 제도적 여건하에 노동자, 유학생, 사업가 및 이민자와 그 가족 등 자신의 선택에 따라 이민정책이 개발된다. 이러한 이민정책은 특히, 국가 간 경제발전의 격차, 역사적, 사회구조의 유사성으로 인한 개인 또는 집단의 선택은 이민의 규모와 질 및 대상지 등에 영향을 미치는 국가정책이라 할 수 있다. 이러한 정책적 기조를 바탕으로 재외·국내 동포, 외국인근로자, 난민, 결혼이민자와 그 자녀, 유학생 등의 정책추진상황을 파악하고 개선책을 제시한다.

1) 재외 · 국내동포는 제3섹터 (영토)

우리는 '동포'라 하면 애틋하고, 미안하다는 마음이 있다. 과거 힘든 시기에 이민을 선택한 사람들은 대부분 살기 어려워 이주한 사람들이란 역사 속 인식이 원인이라고 볼 수 있다. 이런 이주 배경을 가진 우리 국민은 전 세계에 750만여 명이 살고 있다. 이들 중 24세 이하의 청소년이 250만 명 정도이다. 몽고반점으로 통하는 혈통, 단 1%의 우리 피가 섞인 인구는 약 2억 명에 달한다는 이야기도 있다. 세계 곳곳에 흩어져 사는 동포들을 이제는 어디를 가더라도 우리는 만날 수 있다. 동포들을 인적자원으로 활용한다면, 전 세계에 다양한 정보, 문화, 교육, 경제 등을 공유할 수 있으며, 성장동력으로 활용할 수 있을 것이다. 그런 점에서 최근 전쟁이 일어난 우크라이나에 사는 1만5천 명의 고려인도 더없이 소중한 인적자원이다.

재외동포정책은 1960년대 산업화로부터 시작되어 재외동포의 교육과 모국방문 지원으로 이어졌다. 1990년대의 탈냉전과 세계화는 동포사회의 커다란 변화와 성장을 가져왔으며, 동포사회의 요구에 따라 정부별 재외동포에 대한 다양한 정책을 수립하였다. 이를 추진하기 위한 지원기구로 1997년 '재외동포재단'이 설립되고, 1999년 재외동포법을 제정하였다.

최근 해외에 거주하는 동포들의 2, 3, 4세대 자녀들에 대하여 차세대 동포정책으로 외교부, 재외동포재단이 주축이 되어 추진되고 있다. 동포정책이 부처별로 분산되어 운영된다는 게 과연 합리적인지 다시 생각해야 한다. 전 세계 퍼져있는 인적자원의 활용과 사회통합을 고려한다면 차세대 동포정책은 한국형 이민정책의 큰 틀 안에서 국가 차원의 정책으로 모색되어야 한다. 그 이유인즉, 외국에서 태어나고 자란 동포와 자녀는 한국이란 나라의 역사와 문화 및 전통에 대한 인지 부족이 나타날 수 있으며, 거주 국가의 정서와 정체성에 혼란을 줄 수도 있다. 그러므로 다양한 관점에서 개방적이며, 인재활용이 가능한 정책개발이 요구되며, 국내 체류 동포 또한 같은 맥락에서 이루어져야 한다.

　　2022년 1월 기준으로 외국인에 해당하는 외국국적동포는 과거 이주 1세대인 부모 또는 조부모가 대한민국 국적을 보유하였던 자와 그의 직계비속으로서 국내 체류 전체 외국인 195만 명 중 78만 명(39.8%)을 차지하고 있다. 국적별로는 중국 63만 명(80.7%)으로 가장 많고, 다음으로 미국 4만 명(5.6%), 우즈베키스탄 3만 명(4.1%) 순이다. 자격별로는 재외동포(F-4) 48만 명, 방문취업(H-2) 12만 명, 영주(F-5) 11만 명, 방문동거(F-1) 2.5만 명이다. 특히, 재외동포(F-4) 비자 보유자는 전체 외국인 대비 24.6%이며, 외국국적동포 대비 61.5%로 국내 체류 외국인 비자 36가지 유형 중 가장 많은 수에 해당한다.

　　재외동포(F-4) 비자를 보유한 외국국적동포는 국내에서 사회질서에 반하는 행위, 단순노무행위 등을 제외하고 일반 한국인과 별다른 차이 없이 취·창업, 자녀교육, 부동산 매매, 금융기관 이용 등이 가능하다. 그런 점에서 국내 체류 외국국적동포는 외국인이면서 특혜받는 집단이라고 할 수 있다.

이러한 부분에서 동포에 대한 인식이 양분되고 있다. 하나는 과거를 기억하고 1세대 동포의 자손이기 때문에 일반 외국인과 다른 처우와 지원이 부족하다고 한다. 반면에 외국국적동포는 법적으로 외국인이고, 2~4세대가 넘어갈수록 그들은 한국인이라기보다 중국인, 러시아인으로서의 정체성이 더 강하기에 다른 외국인과 동일한 대우를 해야 한다는 주장도 있다. 어느 것이 '맞다, 틀리다.'로 판별하는 동포에 대한 인식은 적합하지 않으며, 이들도 한국의 소중한 구성원이란 것이다.

재외동포법을 시행한 것은 동포정책에 있어 매우 중요한 변곡점이 되었으며, 덕분에 재외동포 정책을 꾸준히 추진하게 되었다. 동포사회의 연계로 수립된 동포 간 네트워크 구축과 소외지역 동포지원 및 재외국민 선거제도 등은 그들의 요구로 이루어진 정책의 긍정적인 결과이다. 무엇보다 재외동포정책은 한민족이라는 인식을 바탕으로 영속성을 가지는 특성이 있다. 한민족 정체성 증진을 위한 한국어와 역사문화교육 지원사업은 매우 중요한 영역으로 더욱 확대·발전시켜야 하는 기초정책이다.

우리는 이러한 국내·외 동포에 관해 현실에 적합한 정책을 추진하기 위해서는 세 가지 부분을 적극적으로 개선해야 한다. 첫째, 외교부와 법무부가 분리·관리하는 동포 정책을 일원화해야 한다. 외교부가 추진하는 동포 정책은 주로 국외에 거주하는 재외동포 그중에서도 현재 한국 국적을 소지하고 있는 재외국민에 관한 정책이다. 즉, 외국에 거주하는 동포만을 대상으로 거주국에서의 안전한 적응과 주류사회로의 진출 지원 및 한국인 간의 네트워크 등이다. 또한 문화교류를 통해 한민족이라는 정체성을 보존하고 가교역할을 지원하는 정책을 위해서는 국제관계보다는 국내 관계에 방점을 두고 이민정책의 틀 속에서 추진하여야 한다. 둘째, 한국으로 귀환하여 정주하려는 재외동포에 대한 지원정책은 거의 없는 형편이므로 귀환 동포정책을 국가별, 연령별 체계화가 필요하다. 아울러 국내 귀환 지원에서 그치지 않고 다시 거주국으로 귀환하여 그곳의 주류사회로 진입할 수 있는 여건을 만들어야 한다. 모든 동포들이 국내로만 들어오고 거주국의 생활을 포기한다면 또 다른 영토가 사라지는 결과이고, 이들이 거주국에서 성공하여 모국과 연계하는 것이 진정 국익과 동포들의 이익에도 부합된다.

셋째, 국내 동포 정책은 재한외국인 처우 기본법, 출입국관리법, 재외동포법에 따라 동포들의 출입국과 생활 및 취업 지원 등 다양한 활동을 할 수 있도록 정책을 추진하고 있다. 하지만 이를 전담하는 국내 부서가 미약하다. 이를 위해 옥상옥의 법을 제정하는 것보다 이미 시행 중인 법적 근거를 바탕으로 정책의 총괄관리·감독이 이루어질 수 있도록 이민정책 전담부서 내 동포전문조직이 구축되어야 한다.

동포 정책은 국내·외를 막론하고 국가의 전체적인 정치맥락에서 지역 및 국가별 동포사회의 특수한 요구에 따라 맞춤형으로 정책을 준비하여야 한다. 무엇보다 한국으로 재이주를 희망하거나 역으로 귀환하는 동포들에 대한 체계적이고 구체적인 정책개발을 위해 전 세계에 흩어져 사는 동포들의 실태조사가 요구된다. 더불어 해외 입양인을 포함한 사각지대 재외동포들에 대한 국가별 네트워크 DB를 구축하는 것 또한 중요하다. 이는 인적자원 활용정책의 기초 자료로서 다양한 정책개발에 활용될 것이다.

동포 정책은 보이지 않는 대한민국의 제3섹터(영토정책)라 할 수 있으며, 국가 인재정책이고, 국가경쟁력을 높이는 정책이라고 할 수 있다. 그러므로 전 세계에 흩어져 사는 동포들의 네트워크를 강화하는 초국가적 정책은 동포사회의 변화에 주목해야 한다. 동포사회에서 1세대보다 2, 3세대가 주류사회에 대한 호감도와 동화 정도가 높기에 차세대의 보편적 요구사항을 바탕으로 동포들의 능력을 펼칠 수 있는 환경 조성이 필요하며, 양국 간 관계증진의 교량 역할 및 대한민국에 기여할 수 있는 개방형 정책과 추진체계가 요구된다.

2) 외국인근로자는 산업사회구성원

한국의 경제환경은 세계화, 지식·정보화로 인해 급속도로 변화되었으며, 대다수 국민의 높은 학력은 3D산업의 일자리를 기피하는 현상이 두드러졌다. 이러한 현상은 중소기업의 인력난으로 이어지며, 기업의 어려움은 극대화되어, 결국 폐업의 길로 치닫는 지경에 이르기도 했다. 이번 코로나 −19의 영향으로 업종별 인력난의 심각성은 노동 인력에 대한 안정적인 공급뿐만 아니라 위기대응을 위한 인적자원 활용의 전략적 부재가 고용허가제의 폐지론까지 거론되기도 하였다. 이 점에서 우리는 고용허가제를 재검토하여 전문인력양성을 위한 정책혁신의 필요성을 강조하고자 한다.

먼저 외국인근로자에 대한 선입견을 지워야 한다. 일반적으로 국민의 대다수는 외국인노동자라 하면 동남아시아 저개발국가에서 온 낮은 학력에 가난한 사람들이란 인식을 먼저 떠올린다. 그리고, 멸시하는 시선과 언어로 대하는 태도를 볼 수 있다. 과거 미국으로, 연해주로, 유럽으로, 아랍으로 노동 인력을 제공하러 이주하였거나, 가족이민을 간 우리의 국민은 그곳에서 어떠한 대우를 받았을까? 역지사지해야 한다. 외국인근로자는 3D산업 노동 인력의 공백을 메워주고자 온 소중한 인력이다. 이들을 바라보는 부정적 시선과 차별적 태도는 바람직하지 않다. 실제로 외국인노동자들의 학력은 대체로 고졸 이상으로 저학력자는 그리 많지 않았다. 자국에서의 직업도 교사, 회사원, 기술자, 사업자 등 다양하다. 이들은 단지 자국의 경제 사정으로 인해 돈을 벌러 온 것이며, 영세업자, 중소기업, 대기업을 운영하는 우리 가족의 회사직원이고, 소중한 인적 자산이라는 점을 알아야 한다.

산업인력과 관련해서 현재 시행 중인 고용허가제와 문제점을 살펴보자. 한국은 1980년대 이전에는 노동력을 수출하는 국가 중 하나였으나 1980년대 말 이후 산업구조의 고도화와 소득수준 향상으로 인해 노동력 수입국가로 전환되었다. 1990년대 초 주택건설의 붐으로 단순노동자 인력부족 현상이 발생하였으며, 1991년 산업연수생제도를 도입하여 1994년 처음으로 제조업에 2만 명을 도입했다. 이후 2001년 말 8만 명, 2002년 14만 명 등 급증하였으나 산업연수생의 편법 활용, 임금체불, 인권침해, 사업장 이탈 등 문제가 발생하였다. 정부는 이를 해결하고자 1995년 7월 국내 최저임금법을 적용하였고, 2003년 외국인고용법을 제정하여 이듬해 8월부터 시행하게 되었다. 이로써 연수생은 근로자로 전환되었고, 연수 취업제를 통해 2004년부터 고용허가제가 시행되어 현재까지 운영되고 있다.

고용허가제는 국민의 노동 인력을 구하지 못하여 인력난을 겪고 있는 사업장에 외국인근로자를 채용할 수 있는 일정한 요건을 갖추면 고용을 합법적으로 할 수 있도록 허가해주는 제도이다. 고용허가제의 기본원칙은 국민의 일자리 잠식의 부작용이 생기지 않도록 하는 것을 우선한다. 그리고 인력송출 비리가 없도록 공공부문이 직접 관리하고, 노동시장의 수요에 적합한 외국인력 선발과 도입을 지향한다. 또한, 외국인근로자가 국내에 정주하는 것을 방지하기 위해 가족초청을 허용하지 않는다.

외국인근로자는 동남아지역 등 16개국[53]에서 유입되는 일반 고용허가제와 중국과 러시아(구 소련) 국적의 동포인 특례 고용허가제로 구분할 수 있다. 일반 고용허가제는 비전문취업자(E-9), 특례 고용허가제는 방문취업자(H-2)로 비자를 받고 체류한다. 입국일로부터 3년간 취업 활동이 가능하며, 사업주로부터 재고용되어 연장된 경우 1년 10개월간 추가 근무가 가능하며, 총 4년 10개월 동안 취업이 가능하다.

취업할 수 있는 업종은 제조업, 건설업, 농축산업, 어업, 서비스업 등 5개 업종으로 제조업을 제외한 나머지 업종은 도입 규모가 적어 업종별 특성과 사업주의 선호도 등을 고려하여 특화국가를 선정하여 외국인근로자가 유입되고 있다. 구체적으로 살펴보면, 건설업 6개국(스리랑카, 베트남, 태국, 캄보디아, 미얀마, 중국), 농축산업 6개국(베트남, 태국, 캄보디아, 네팔, 미얀마, 중국), 서비스업 3개국(몽골, 우즈베키스탄, 중국), 어업 5개국(스리랑카, 베트남, 중국, 동티모르, 인도네시아) 등이다.

일반 고용허가제로 체류하는 비전문취업(E-9)자는 2016년 27만 명, 2018년 28만 명으로 해마다 일정한 수준이었으나 2020년 23만 명으로 감소하였다. 방문취업(H-2)자는 2016년, 2018년 각 25만 명으로 일정한 수준이었으나 2020년 15만 명으로 감소하였다. 이는 코로나 -19로 인한 국경폐쇄로 인력공급이 제한되었기 때문이다.

이렇듯 예견치 못한 사회환경은 인력공급에 큰 영향을 미쳤으며, 그 영향은 임금을 천정부지로 치솟게 만들어 경영에 큰 타격을 주었다. 또한, 외국인근로자는 한국어 능력이 낮아 고용주와의 의사소통이 어렵고, 일에 대한 이해 부족으로 서로 간의 오해와 갈등이 야기되기도 한다. 일례로, 2012년 전라북도 개야도에서 일어난 열악한 근로여건과 출도 제한, 숙식 문제 등 인권적 측면에서 문제가 된 적이 있고, 2020년 한파에 비닐하우스에서 생활하다 사망한 캄보디아 이주여성 노동자 사건도 있다. 이후 외국인근로자의 근로여건과 생활환경이 개선되고는 있으나 여전히 고용허가제의 병폐로 나타나고 있다.

이러한 병폐를 안고 있는 고용허가제는 폐지논의로 전이되고 전문인력양성 및 우수 인재 유치를 위한 정책의 효과는 미미한 상태이다. 경제활성화에 필요한 인적자원은 4차 산업의 우수 인재뿐만 아니라 국민의 실생활에 직접 영향을 미치는 저숙련 단순 노무인력도 기초 산업에서 매우 중요하므로 노동인력 수급에 대한 개방형 정책이 요구된다.

고용노동부는 고용허가제의 문제점을 개선하기 위하여 성실근로자, 특별 한국어시험 등 재입국 취업제도와 숙련기능인력 점수제 등을 활용하고 있다. 우선 성실근로자 제도는 2012년 7월에 시행되었으며, 소규모 제조업, 농축산어업 등 힘든 근무환경 속에서 사업장변경 없이 성실히 근무한 외국인근로자가 대상이며, 사업주의 요청에 따라 출국 3개월 후 재입국하여 다시 근무할 수 있게 하는 제도이다. 비전문취업(E-9) 또는 선원(E-10)의 체류자격으로 숙련도가 향상된 외국인근로자를 단기 출국시킨 후 재고용이 가능하도록 하였다. 이때 한국어시험, 업종별 기능 수준 및 직무능력평가, 입국 전후 취업교육 등을 면제하였다. 다만, 취업 기간 중 사업장변경이 없어야 하며, 재입국 후 1년 이상 근로계약을 체결하고 체류 기간 내에 자진 귀국해야 하는 요건을 충족해야 한다. 이들은 국내 체류 기간이 총 5년 미만이어야 한다. 코로나 시기에는 이러한 체류 기간이 문제가 되었다.

특별한국어시험 제도는 고용 기간이 만료되어 귀국이 예정된 외국인근로자에 대해 재입국취업 가능성을 높이고, 자진 귀국을 유도하며, 영세 기업의 숙련인력을 계속 고용할 수 있도록 지원한다. 이 제도는 만18세 이상 39세 이하이며, 체류비자는 비전문취업(E-9), 선원(E-10)으로 5년 이상 체류하지 않은 자로 제한하고 있다. CBT(Computer Based Test) 방식으로 15개 송출국이 대상이며 시행시기는 탄력적으로 운영되고 있다. 고용허가제 초기에는 한국어시험 부정행위가 공공연히 일어나기도 했다.

한국어시험 합격자는 신규 입국자와 마찬가지로 구직신청 및 사업주 알선 등 과정을 거쳐 입국하며, 출국 전 한 사업장에 1년 이상 근무한 자는 해당 사업장에 우선 알선하여, 신속한 입국과 재채용기회를 부여한다. 단, 사업주와 외국인근로자 간 계속 사용에 대한 근로계약에 서로 동의하는 경우에만 가능하다.

외국인근로자는 자국에서 입국 전 한국어시험과 취업업종에 대한 기능실기시험을 통과하면 한국으로의 취업입국이 가능하다. 그러나 한국어 능력에 대한 평가시스템과 취업업종에 대한 직장문화 및 업무에 대한 깊은 이해가 없이 입국하게 되어 고용주와의 갈등을 일으키는 경우가 많다. 이러한 갈등은 서로 간 언어소통의 어려움으로 인한 오해와 업종별 업태가 세세히 구분되어 있지 않아 일하는 내용에 대한 불만은 사업장변경으로 이어지고, 심한 경우 일부는 비인권적 사건으로 노출되기도 한다.

한국산업에 필요한 인력을 충당하기 위한 정책으로 적재적소에 인력을 배치하려면 최소한 5개 업종의 업태를 분석하고 그에 적합한 인력을 선발하기 위한 학력과 기능 등을 고려해야 한다. 특히, 한국어 능력에 대한 평가수준은 높여야 한다. 이와 더불어 해당 사업장에서 일어나는 일의 내용을 정확히 분석하고 정보화하여 노동력을 종합적으로 활용할 수 있도록 체계화해야 한다.

성실근로자 제도와 특별한국어 시험제도는 외국인근로자를 재고용하여 안정적인 인력 활용을 위한 방법이다. 사업주가 재고용을 선호하는 것은 우선 비숙련노동자에서 준숙련노동자로서 현장적응과 일의 능률성을 높일 수 있기 때문이다. 다음으로 신규 인력을 채용하기 위해 사업주는 국민 구인활동을 14일 동안 하고, 미채용된 인원만큼 고용허가를 신청한다. 이를 노동시장테스트라고 하는데 형식적인 구인광고만 해도 그대로 인정하고 있어 실효성이 떨어지는 것도 문제이고, 신규인력 신청과정의 시간과 노력이 많이 들고, 신규 인력을 채용하고 나서 장기간 교육을 통해 적응하고 일의 능률을 올릴만하면 귀국해야 하는 부정적인 측면에서 사업주는 재고용을 선호한다. 고용허가제에서 사업장 이동의 제한은 가장 비판을 받는 부분인데 고용주는 성실근로자 제도를 미끼로 사업장 이동을 막는 방편으로 활용하기도 한다.

따라서, 초기의 고용허가제는 사업주의 원활한 인력공급을 위한 제도였지만 오늘날에는 사업주에게 필요악이 된 제도로 변모하였다. 한국 산업현장에 필요한 인력 수급의 장기적인 안목 없이 준비한 정책은 결론적으로 국민의 원성을 쌓게 되었다. 그러므로 고용허가제의 병폐와 인권적 측면을 고려하여 사업주와 외국인근로자 간 노동의 자율성을 보장하고 가족초청을 통해 안정적인 취업 활동이 가능한 제도로 취업허가제, 노동허가제 등 제도적 보완 및 혁신적인 개선이 요구된다.

이렇듯 노동인력정책의 혁신에 있어 현재 국내에는 숙련기능인력으로 장기고용을 할 수 있는 제도가 있다. 이러한 제도가 있는지 전혀 모르는 사업주들도 있고, 어떻게 활용해야 하는지조차 모르는 사업주도 있다. 이 제도는 점수제로 운영되기 때문에 외국인근로자도 모르는 경우가 많고 안다고 해도 너무 어렵고 까다로워서 지원하기 힘들다고 한다.

숙련기능인력 체류자격 전환제도는 간단히 말해서 5년 이상 비전문취업(E-9), 방문취업(H-2) 등의 자격으로 국내에서 취업 활동을 하는 외국인 중 숙련성이 검증된 자에게 특정활동(E-7-4) 체류자격을 전환할 수 있도록 한다. 이때, 기본항목인 소득, 자격증, 연령, 한국어 능력과 선택항목인 자산, 경력, 추천 등의 요건을 검증하되 이를 점수화하여 총 203점 중 일정 점수 이상인 자를 대상으로 고득점자순으로 선발한다.

운영방법은 내국인 구인에 어렵고, 해당 외국인이 숙련기능인력으로 활용가치가 크다고 판단되면, 고용노동부 장관이 추천한 사업장을 대상으로 연간 총 200명을 선발하는 방식이다. 신청 외국인이 산재보험에 가입되어 있어야 하며, 신청일 이전 6개월간 내국인 고용조정으로 인한 이직이 없으며, 특정활동(E-7-4) 자격을 전환한 날부터 1년 이상의 근로계약을 체결한 사업장에서 신청한 외국인을 대상으로 최종 선발한다.

신청 가능한 외국인근로자는 비전문취업(E-9), 방문취업(H-2), 선원(E-10)의 체류자격을 갖고 있으며, 최근 10년간 5년 이상 합법적으로 취업활동을 계속하고 있어야 한다. 또한, 특정활동(E-7-4) 전환을 위한 법무부의 점수제 최저기준 이상이거나 취업 기간이 1년 이내 만료되는 재입국특례자(E-9) 중 재입국 후 사업장변경 이력이 없는 자이다. 신청요건을 충족한 사업장에 고용된 외국인 중 사업장당 1명 만 신청이 가능하다. 한마디로 고용주나 근로자나 모두 낙타가 바늘 통과하기만큼이나 어렵다.

점수제의 최저기준은 기본 90점, 선택 113점을 포함 총 203점 중 ① 산업기여가치(연간소득) 10점 이상 그리고 총 52점 이상 또는 ② 미래기여가치 35점 이상 그리고 총 72점 이상 중 어느 하나의 기준을 충족해야 한다. 이러한 점수는 외국인근로자가 맞추기 쉽지 않고 점수제를 통과하는 인원의 한정으로 제도 추진의 취지는 좋으나 시행의 효과성은 떨어지고 있다.

따라서, 고용허가제를 개선하기 위해서는 기존의 점수제를 완화 또는 인원확대 등 대폭 개선하거나 취업허가제 또는 노동허가제로의 전환을 모색해야 한다. 우선 시행 중인 숙련기능 점수제를 활용하되 현 고용허가제의 취업 기간이 최대 9년 8개월까지임을 고려한다면, 고용허가제의 정주화 방지, 단기순환원칙을 포기하고, 가족동반 체류가 가능한 영주자격(F-5)을 취득할 수 있도록 단계별 점수제 즉, 자기계발제도 도입을 제안한다. 이와 더불어, 초기 입국부터 점수제를 활용하여 안정적인 취업 활동이 이루어지는 자신의 '체류 생애 시스템'을 도입하여 외국인근로자의 직무능력 향상과 평생 교육을 실천하는 방향이 모색되어야 한다.

다음으로 정부는 우수 인재 유치, 전문인력 유입 등 다양한 정책을 추진하고 있다. 그러나 전문인력 중 75.8%가 회화, 예술흥행, 주방장·조리사 등으로 실질적 산업기술 분야의 전문외국인력은 소수에 해당한다. 4차 산업 등 활용가치가 큰 전문지식의 보유자인 글로벌 고급인재와 비교할 수는 없지만 우리 산업구조상 필수적인 기능인력을 단순노무인력이라는 틀로 가두고 단기간 순환시키고 돌려막는 방식은 이제 막을 내려야 한다. 전문인력이든 비전문인력이든 필요한 인력이라면 그에 합당하는 체류자격을 부여하여 활용해야 한다. 인력도 결국은 사람이고 기능도에 따라 기본적인 인권을 달리한다면 국제기준에도 맞지 않고, 이는 결국 악순환으로 불법체류자만 양산하게 된다. 이민정책에서 외국인력이 차지하는 비중이 가장 큰 이유는 이민자의 대부분이 취업을 목적으로 하기 때문이다. 취업이민으로 온다면 가족의 동반과 취업장을 스스로 선택할 수 있는 기회는 충분히 보장해야 한다.

현재의 출입국관리법에는 이미 취업허가제의 요소를 모두 갖추고 있다. 노동허가제가 고용주의 부담으로 당장 시행하기 어려울 수 있으므로 전 단계로 취업허가제를 적극 활용할 수 있다. 이를 위한 구체방안으로 생각할 수 있는 것이 고용허가제 외국인 근로자를 선발할 때 국내 체류 중인 외국인 유학생과 결혼이민자의 가족을 적극 포함시키는 것이다. 최소한 전체 도입 인원의 20% 정도는 이들로 배정해야 실효성이 있다. 이들은 이미 한국 사회에 적응이 된 준비된 인력인데 굳이 아무런 준비 없는 외국인을 데리고 올 필요가 있을까. 다음으로 생각할 수 있는 방안은 고용허가 업종에 해당되더라도 일정한 조건에 해당하는 기능을 보유한 외국인에 대해서는 특정직업(E-7)비자 발급조건을 대폭 완화하는 것이다. 마지막으로 가능한 방안은 돌봄서비스 분야에 외국인 근로자를 도입할 때는 고용허가제의 요소를 배제한 특정직업으로 도입해야 한다.

그리하지 않으면 고용허가제의 병폐가 돌봄서비스 근로자에게로 그대로 이전된다.

3) 난민은 지역산업 맞춤형 인적자원

1950년, 우리는 전쟁의 아픔을 겪으면서 630만 명이 넘는 피란민이 발생하였고, 그중 일부는 세계 곳곳으로 이주하여 이민자로 살고 있던 아픈 역사가 있다. 우리나라는 1992년 12월 난민 지위에 관한 유엔협약과 난민의정서에 가입했으며, 난민신청을 받기 위해 1994년 출입국관리법을 개정하였다. 2012년 아시아 최초로 난민법을 제정하여 2013년 7월부터 시행하고 있다. 난민과 한국의 난민 정책을 이해하기 위해서는 난민의 정확한 개념부터 이해해야 한다.

난민은 종교, 인종, 국적, 특정한 사회집단의 구성원인 신분으로 또는 정치적인 박해 등으로부터 모국의 보호를 받을 수 없거나 원하지 아니하는 외국인과 그러한 사유로 대한민국에 입국하기 전에 거주한 국가로 돌아갈 수 없거나 원하지 아니하는 무국적자를 말한다. 체류 허가자(인도적체류자)는 법무부 장관으로부터 체류 허가를 받은 외국인 즉, 고문 등의 비인도적인 처우나 처벌 또는 그 외의 생명과 신체의 자유 등을 침해당할 만한 합리적인 근거가 있는 사람을 의미한다. 또한, 대한민국 영외에 있는 난민 중 대한민국에서 정착하기를 원하는 외국인을 재정착희망난민이라고 한다. 이들은 본인의 의사에 반하여 강제로 송환되지 아니하며, 난민법과 출입국관리법에 따라 지위와 처우를 받는다.

난민들이 난민 신청할 경우 공항 및 각 지역 출입국·외국인청(사무소) 및 출장소에서 가능하다. 입국 심사 시 난민신청을 하겠다는 의사표시를 하면 난민 인정신청서를 받을 수 있다. 난민신청 절차는 출입국항에서 난민 인정심사에 회부 여부를 먼저 심사하게 되고, 출입국관리 공무원과의 면담이 진행되며 7일 이내에 결정된다. 7일 이후 난민 인정심사에 회부된 경우는 입국이 허가되지만, 회부가 거부된 경우 강제퇴거 대상이다.

난민심사 회부가 거부되는 경우는 구체적으로 대한민국의 안전 및 사회질서 위해자, 비협조로 인한 신원확인 불가자, 거짓된 서류제출 등 사실을 덮어 감추거나 숨기는 경우이지만 공항만에서 심사 회부가 거부되고도 장기간 환승 구역에 머물면서 소송을 제기하는 사례도 간혹 발생하기도 한다.

이러한 난민수용에 관해 국민의 공감대는 찬반양론으로 나뉘고 있다. 난민수용찬성론 입장을 보면, '대한민국은 명백히 선진국 반열에 선 국가이다', '난민협약 등 여러 인권조약을 실천하고 있는 국가'다. '아직은 난민수용률이 적은 수준이며, 국가 위상에 맞는 책임감을 보여줘야 한다.', '국제법적 의무와 권리 측면에서 지금은 세계화, 지구촌의 모든 사회구성원이 난민 문제를 함께 해결해야 할 문제라는 보편적인 인식이다.', '강대국의 눈치를 볼 것 없이 국가가 수용할 수 있는 만큼 수용하는 것은 난민협약, 난민법을 제정한 국가로서 국제사회에 대한 약속이행이다.', '터키의 리라화 가치폭락 이후 자국 내 난민들을 EU로 방출하지 않는다는 조건으로 EU로부터 지원금을 받고 2020년 아르메니아-아제르바이잔전쟁에서 프랑스의 개입을 막아 실리를 챙긴 터키 사례는 난민수용을 바탕으로 국제사회에서 입지를 세우는 계기가 된다.', '난민수용을 무조건 반대하기보다는 세계 어디에도 정주하지 못하는 인적자원이란 점을 고려하여 한국에서 사회구성원으로서 정착하고 기여할 수 있도록 기회를 부여하는 것이 세계중심에 있는 한국의 역할이다.'

반면, 난민수용반대론 입장을 보면, '북한 이탈 주민을 받고 있기에 마냥 수용할 수는 없다.', '아직 국내에는 복지사각지대 국민도 많고 난민에 대한 국민의 공감대 형성이 안 되었다.', '난민들 검증도 안되고 이슬람권 난민수용은 더욱 신중해야 한다.' ' 난민협약 및 난민법은 강제규범이 아니다.', '미국, 일본 등은 난민을 최대한 거부하려는 추세이다' 등으로 대변할 수 있다.

그렇다면 우리 국민은 난민에 관해 얼마나 알고 있을까? 언론에서, 또는 난민과의 이해관계자들이 주장하는 바가 모두 맞는가? 정확한 정보에 대한 알 권리는 국민이 갖고 있으며, 알려줘야 할 의무는 정부에게 있다. 국민의 공감대 형성과 정책추진은 아는 만큼 이해와 추진력을 가질수 있다는 것은 매우 중요한 점이다.

현재 우리나라의 난민현황을 살펴보자. 난민 업무를 1994년부터 시작하여 2022년 1월까지 난민 인정신청 누적 건수는 7만4천 건이며, 난민 인정 1차 심사종결 건수는 6만6천 건이다. 이중 심사 결정 4만6천 건, 직권종료 1만3천 건, 자진 철회 약 7천 건이다. 난민신청 심사결과는 심사 완료 4만2천 건 중 난민 인정 1,174명, 인도적 체류 허가자 2,416명으로 난민 인정자와 인도적 체류 허가자를 포함한 보호율[54]은 8.7%이며, 인정률[55]은 2.8%이다. 불인정건수도 3만8천 건에 달하고 있다.

난민신청자 국적을 보면 1994년부터 2022년 1월까지 동일국가 출신이며, 2019년부터 몇몇 국가가 추가되고 있다. 구체적으로 파키스탄, 러시아, 중국, 카자흐스탄, 이집트, 말레이시아, 인도 등은 신청자가 많은 국가에 해당하며, 나이지리아, 방글라데시, 네팔, 베트남, 모로코, 터키, 우즈베키스탄, 키르키즈스탄, 미얀마, 필리핀, 에티오피아 등은 난민신청국가로 진입하거나 신청자가 증가하는 국가이다. 난민신청자의 사유는 종교 1만 7천여 명으로 가장 많으며, 정치적 의견 1만 3천여 명, 특정 사회구성원 7천여 명, 인종 4천여 명, 국적, 기타 순이다.

그동안 찬반 논쟁이 있었던 제주 예멘 난민과 아프간 특별기여자의 경우를 비교해 보면, 우선 예멘 난민은 내전을 피해 난민협약국이 아닌 말레이시아로 무사증 입국하였다. 이들은 유엔난민기구에서 난민신분증을 만들어 주었으나 취업이 금지된 나라에서 단속 등 불안정한 삶에서 좀 더 나은 환경을 찾던 중 제주도의 무사증 입국제도를 통해 한, 두 명씩 입국하였다. 입국 심사를 통과한 사람이 한국의 난민신청제도와 무사증 입국 정보가 사회관계망을 통해 퍼져 나감으로써 마침내 예멘인 561명이 입국하였으며, 549명이 난민을 신청하였다. 이들의 특성은 '남성' 504명, '여성' 45명이며, '17세 미만' 26명이다. 예멘 난민의 경력은 기자, 약사, 항공사 등 고위직부터 서비스직, 노동자, 무직 등 다양했으며, 어느 나라에서 체류하다 왔느냐에 따라 직업에 차이를 보였다. 말레이시아 체류자는 요리사, 식당 서빙, 여행가이드, 호텔 종업원이 많았고, 사우디아라비아 체류자는 이슬람 전통 옷 판매원, 보험사 직원, 자동차 정비공, 택시기사 등 다양했다. 또한, 제3국을 거쳐서 온 일용직, 농부들이다. 예멘의 사례는 예측하지 못한 인원과 이들에 대한 특성과 자립능력정보는 부족한 상태에서 네트워크를 통한 지원체계를 운영한 사례이다.

아프간 특별기여자의 경우 개정된 재한외국인 처우 기본법[56]에 따라 초기 생활 정착자금 및 필요한 기타 생활 지원 및 고용 정보의 제공과 취업 알선 등 취업에 필요한 지원을 받는다. 초기 6개월 동안 성인은 법무부 사회통합프로그램을 통해 한국어와 한국문화, 한국 사회이해 및 생활법률, 양성평등 교육 등의 교육을 진행한다. 미성년자는 교육부 지원을 받아 연령별 한국어 교육 등 공교육 진입을 위한 맞춤형 교육을 제공하였다. 이는 우리 사회구성원으로서 적응과 자립하는데 필요한 기본소양과 정보를 체계적으로 함양시키기 위함이다.

이들의 특성은, '병원관계자와 그 가족' 199명, '대사관 관계자와 그

가족' 82명, '직업훈련원 관계자와 그 가족' 74명, 'PRT 지방재건팀과 그 가족' 34명, 'KOICA 관계자와 그 가족' 4명 등 총 393명이다. 성별은 '남성(미성년 포함)' 총 198명, '여성(미성년 포함)' 195명이다. 연령은 '5세 이하' 95명, '6~11세' 81명, '12~18세' 64명, '19~29세' 37명, '30~39세' 69명, '40~49세' 36명, '50~64세' 10명, '65세 이상' 1명이다. 일을 할 수 있는 성인은 153명이며, 직업은 의사, 간호사, 약사, 방사선사, IT 기술자, 통역 등 병원에 종사한 사람들과 컴퓨터, 전기, 자동차, 건축, 용접 등 직업훈련원 종사자는 전문직에 해당한다. 그 외 행정, 요리, 경비, 청소, 운전 등의 직업에 종사하고 있다. 특별한 전문기술이 없는 아프간특별기여자는 자신의 직업과 연계된 직종 또는 유사직종으로 취업을 하여 이주하였으며, 전문직을 갖고 있던 아프간특별기여자는 한국에서 자신의 전문성을 인정받기 위해 의학 및 기술교육 등을 받기로 하였다. 아프간특별기여자는 예측 가능한 상황으로 체계적인 지원을 통해 짧은 기간에 자립할 수 있도록 한 사례이다. 이는 예측하지 못한 예멘 난민의 상황과는 전혀 다른 경우이다.

우리는 갑작스럽게 다가온 두 집단의 사례를 통해 그들이 어떠한 사유로 인하여 한국으로 이주하였는지도 중요하지만, 이주 시점에서 정주할 것인지, 아닌지에 대한 명확한 의사결정은 매우 중요하다고 본다. 이는 정주한 후 한국 사회구성원으로서 살아갈 수 있도록 지원 내지는 자립할 수 있는 환경 조성에 많은 영향을 미치기 때문이다. 두 집단의 특성과 나이는 우리에게 시사하는 바가 크다. 우선 학력과 경력은 다양하지만 보유하고 있는 능력은 전문성과 숙련, 비숙련자로서 산업현장에 적응하기 어렵지 않다. 무엇보다 이들은 생산 가능 연령대이며, 특히, 아프간특별기여자의 경우는 18세 이하의 유아·아동·청소년이 240명이 포함되어 있어 미래 한국의 인적자원이라는 예측도 할 수 있다.

향후 난민법에 따라 난민수용은 점점 늘어날 것이 예측되므로 난민정책은 난민 인정자에게 가족의 결합권도 고려해야 한다. 예멘 난민의 제주에서 태어난 아이를 생각한다면, 미국의 '앵커 베이비(anchor baby)'[57]와 같은 논란이 발생할 수 있기 때문이다. 합법적인 절차에 따라 대한민국의 상황에 맞춰 난민 정책을 시행하는 것은 시대적 요구사항이다. 두 번의 경험으로 난민에 대한 시혜적 정책보다 한국에서 자립할 수 있는 시스템 구축과 난민에 대한 국민의 인식개선 등은 중요한 정책과제가 되었다.

우리는 아직 유럽이나 일부 국가처럼 난민을 인적자원으로 활용하기 위해 대량난민을 받지도 않고 지정학적으로 난민이 발생하는 국가와 인접해 있지도 않다. 하지만 인도주의 관점과 국제사회에서 대한민국의 위상이 강화되면서 난민을 남의 나라 일로만 여길 수도 없다. 그렇다면 난민도 사회통합의 대원칙에 따라 공존하고 상생하는 한 모델로 만들어가야 한다. 이에 따라 난민법을 아시아 최초로 제정하여 시행해온 국가로서, 난민지원금의 지속적인 증가는 국제사회에서도 호평을 받고 있다. 이미 시행 중인 국가직무능력표준과 산업별역량체계에 따라 난민들의 능력과 자질을 인적자원 DB로 구축하고, 기업의 인적요구사항이 공유될 수 있는 연계망을 바탕으로 상호 연결을 통해 난민정책도 소중한 인적자원 활용정책이 될 것이다.

4) 결혼이민자와 그 자녀는 육성형 인재

재한외국인처우기본법상 결혼이민자란 대한민국 국민과 혼인 관계에 있거나, 혼인한 적이 있는 재한외국인을 의미한다. 결혼이민자는 다문화가족지원법에 근거하여 한국어 교육, 상담, 가족통합교육 등 안정적인 생활과 정착지원을 받으며, 여성의 경우 사회·경제적 참여를 위해 직업훈련과 취업 지원, 봉사단 등을 운영한다.

우리나라는 1980년대 통일교를 통한 일본 여성과의 국제결혼으로 두 드러지기 시작하였고, 1990년대 '농촌 총각 장가보내기' 프로젝트를 기 반으로 국제결혼 알선 업체가 등장하면서 중국동포와 한족, 필리핀, 태 국, 몽골 등지의 여성을 농촌의 총각들에게 주선하면서 결혼이민자가 유입되기 시작하였다. 1990년대 말부터는 베트남과 구소련 등 외국인 배우자의 국적이 다양해졌다.

국제결혼 과정은 주로 아는 사람의 소개, 가족, 직접 만남, 종교단체, 결혼중개업체를 통해서 진행된다. 결혼중개업체를 통해서 하는 경우 경 제적인 이유가 다수이며, 남성과 여성의 사전정보가 사실과 달라 갈등 의 원인이 되기도 했으며, 결혼을 빌미로 사증발급이 난무하여 사회문 제로까지 확대하였다. 국제결혼 건수는 1990년 4천 7백 건에서 2000년 1만 2천 건으로, 2010년 3만 4천 건으로 3배 정도 급증하는 것을 알 수 있다. 이때까지 국제결혼을 통한 사증발급이 쉽다는 것을 이용하여 입 국 후 취업할 목적으로 불법적 결혼이 성행한 결과이다. 이후 2014년 국 제결혼의 건전화를 위한 결혼이민 사증발급심사를 강화하고, 부부가 국 제결혼 안내프로그램을 이수하는 것을 의무화하였다. 이로 인해 국제결 혼 건수는 2014년 2만 3천 건으로 급감하였으며, 이후 2만 건 이상을 유 지해오다, 코로나-19를 계기로 2020년 1만 5천 건으로 감소하였다.

법무부 통계연보(2020년)에 따르면, 현재까지 결혼이민자는 2012년 14만 8천 명 정도였으나, 2014년 건전한 국제결혼을 위하여 결혼이민비 자 발급심사를 강화와 국제결혼 안내프로그램 이수 의무화 등의 영향으 로 감소하였다. 2020년 16만 9천 명으로 평균 2.7%의 증가율을 보인다. 국적은 중국(35.6%), 베트남(26.1%), 일본(8.7%) 순이며, 캄보디아, 미국, 태국, 러시아 등은 점차 증가하고 있으나 네팔은 감소추세이다. 지역별 로는 경기(30.1%), 서울특별시(16.7%), 인천광역시(6.8%), 경상남도

(6.5%), 충청남도(5.3%) 순이다. 결혼이민자의 연령은 19세 미만 600명 정도, 20~40세 미만 10만 명, 41세~60세 미만 6만 3천 명, 60세 이상 9천 명이다. 이들 중 출산과 노동력제공이 가능한 연령대인 20세~60세 미만은 16만 3천 명으로 전체 결혼이민자의 96%를 차지하고 있다.

이렇게 결혼이민자로 이루어진 가족을 우리는 '다문화가족'이라고 한다. 다문화가족에 대한 안정적인 결혼생활을 지원하는 주체는 여성가족부이며, 다문화가족지원법에 따라 5년마다 사회환경변화에 따라 다문화가족 지원을 위한 계획을 수립하여 추진한다. 다문화가족의 정착지원을 위해 최근 명칭이 바뀐 가족지원센터에서 한국어 교육을 바탕으로 직업교육에 중점을 두어 취업 지원프로그램이 활성화되고 있다. 여성가족부(2018)의 결혼이민자 고용률을 보면 2012년 47.4%, 2015년 50.7%, 2016년 52.3%로 점차 증가하며, 월 가구소득 300만 원 이상은 2012년 26.0%에서 2015년 37.8%로 증가하였다.

또한, 결혼이민자는 한국의 경제활동과 자녀교육을 위해 한국 국적을 취득하는 혼인귀화자가 늘고 있는데 2010년 5만 6천 명에서 2015년 9만 3천 명으로 약 4만 명 정도 증가하였다. 결혼이민자(귀화자 포함)의 10년 이상 장기 정착비율은 2012년 34%에서 2015년 48%로 증가하였으며 5년 미만 단기 정착비율은 2012년 27%에서 2015년 16%로 감소하였다. 이들은 장기 정착에 따라 언어와 문화 차이에 따른 어려움은 감소하였으나 오히려 자녀 양육 및 경제적 어려움은 증가한 것으로 나타났다. 결혼이민자의 자녀 현황을 보면, 2012년 초중고생(38%)보다 6세 이하(62%)가 비중이 높았으나, 2016년에는 초중고생(44%)의 비중이 증가하였으며, 향후 5년 이후에는 자녀들이 대학생 또는 직장인일 경우가 된다. 이들 또한, 한국의 인적자원이 되어 가고 있다.

결혼이민자뿐만 아니라 그들의 자녀 역시 잠재적, 우수 인재로서 한국 사회의 잠재적 인적자원으로 성장하는 것을 고려한다면, 노동정책에 대한 전면적인 수정이 필요하다. 결혼이민자를 그저 지원서비스의 수혜 대상자로만 생각하는 것은 잘못된 생각이다. 결혼이민자 다수는 일하고자 하는 욕구가 있다. 이들의 연령대, 학력 등을 고려한다면 현재 취업 지원을 위한 직업교육은 매우 중요한 역할을 한다. 그러나 교육에 대한 질 관리와 취업까지의 지속적인 지원체계는 부족한 점이 많아 개선이 필요하다. 외국인지원시설 및 가족지원센터, 외국인노동자지원센터 등 결혼이민자들이 이용하는 기관에서 취업 지원에 관한 프로그램은 요리, 바리스타, 미용, 컴퓨터 등이며, 거의 모든 기관이 유사하다. 한국어가 미숙하여 필기시험이 어렵고, 기술은 따라갈 수 있으나, 현장경험이 부족하여 취업면접에서 떨어지기가 다반사다. 이러한 프로그램은 결국 취미활동으로 변하고, 취업이 어려워 건설현장, 식당 서비스 등 일용직이나 창업을 고려하는 경우가 많다.

결혼이민자들의 취업 욕구에 부응하기 위해서는 지역에 있는 가족지원센터, 직업학교 등을 활용한 체계적인 교육지원이 필요하다. 기업에서 요구하는 필요한 인적자원의 직무역량을 프로그램화하고, 비용은 기업 또는 자부담으로 추진하고 취업을 전제로 양성한다면 투입비용대비 효과는 극대화될 것이다. 다양한 업종에서 필요한 일자리에 대한 특성을 교육으로 개발하고, 그에 따른 교육 참여를 통한 취업은 결혼이민자로부터 성취감을 가질 수 있으며, 안정적인 경제활동이 될 것이다. 또한, 결혼이민자의 일·가정양립을 위한 공동육아에 대한 시스템을 강화하고, 계속 일할 수 있는 근무환경 즉, 시간 단축, 재택근무, 플렉스타임제(flextime)[58] 등의 지원이 필요하다. 더불어 결혼이민자의 자녀성장에 따른 지속적인 진로·취업 지원 상담프로그램을 통해 탈학교를 예방하고, 안정적인 사회구성원으로서 성장할 수 있도록 하며, 잠재적인 미래 한국의 인적자원육성에 지역과 중앙정부가 협업하는 체계적인 관리시스템 구축이 요구된다.

5) 유학생은 미래 한국의 사회구성원

우리나라는 글로벌 역량 강화를 목적으로 2000년대부터 외국인 유학생유치에 주력해왔다. 교육부(2021)에 따르면, 학위과정, 비학위과정을 포함한 전체 2010년 8만 4천 명이던 외국인 유학생이 2021년 15만 2천 명으로 꾸준한 증가추세다.

외국인 유학생에 대한 의존도는 수도권보다는 비수도권 대학이 높아지는 추세이며, 향후 학령인구감소, 지방대학의 위기 등 사회적 변화는 학부뿐만 아니라 대학원과정에서도 외국인 유학생의 의존도는 더 커질 것으로 전망된다. 반면에 낮은 수업의 질, 학습 진도를 따라가지 못하는 유학생 등 체계적인 학습지원관리부실은 유학생유치의 걸림돌이 되고 있다. 대학과 교육부는 유학생들의 한국 생활과 문화적응 및 학교생활을 비롯하여 교육적 욕구에 대한 이해의 부족으로 졸업 후 진로·취업에 대한 체계적인 시스템이 요구된다. 유학생들은 짧게는 6개월 길게는 10년 정도 한국에서 생활하며, 이들은 한국인과 같은 생활과 습관을 지니게 된다. 이렇게 한국사회 구성원으로서의 기본적인 소양을 갖춘 인재를 무관심과 방치 및 인력에 대한 소중함을 깨닫지 못하고 이들을 본국으로 귀환시키거나, 아르바이트, 불법 근로자로 내몰고 있다.

우리나라의 청소년교육은 대학에 진학한 것으로 만족하고, 취업에 대한 준비는 미비하여 자신의 무엇을 해야 할지 모르는 수동적인 교육으로 인재육성에 실패하고 있다. 또한, 고등교육기관은 유학생을 모자라는 학생 수를 채우고 재정적 확보의 대상으로만 여기는 경우가 다반사다. 그렇다면 우리의 청소년뿐만 아니라 외국인 유학생에 대한 인재육성정책은 어떠한 방향으로 가야 할까? 고민하고 탁상공론만 할 것이 아니라 실천적 전략을 제시하여야 하는 정책 담당자들은 인재유치정책에 대한 반성과 세계 인재경쟁에 대한 경각심을 가져야 한다.

유학생유치에 성공한 국가를 살펴보면, 유학생유치 전략에서 노동시장의 인력 양성 및 활용 측면을 고려한 교육시스템을 운영하며, 산업계와의 연계를 통한 숙련, 전문인력 양성을 통한 인적자원 활용에 중점을 두고 있다. 자연스럽게 졸업 후 산업현장으로 취업이 연계되며 이들에게 합법적으로 취업 기간을 보장하는 체류자격을 부여한다. 특히, 고숙련 노동자에 대한 비자발급 쿼터를 확대하는 취업정책으로 개방성을 높이고 있다. 이와 더불어 영주권 제도개선에 노력하고 있다.

유학생들의 강점은 언어 즉, 이중 또는 다국적 언어를 사용한다는 점이다. 이점을 전문교육과 기업의 고용연계 제도를 통해 노동시장에 접목하는 것은 기업의 국제경쟁력을 높일 수 있다. 한국의 노동시장과 유학생의 취업 의지를 고려한 진로·취업교육시스템이 요구된다.

교육부에 따르면 2021년 전체 유학생 15만 2천 명 중 학위과정의 경우 전문학사/학사 8만 명(52.9%), 석사 2만 5천 명(16.5%), 박사 1만 4천 명(9.4%) 등 전체 12만 명으로 전년 대비 6.2% 증가하였으며, 고등교육기관 재적학생 320만 명의 3.7%를 차지하고 있다. 비학위과정의 경우 어학연수생 2만 3천 명(15.4%), 기타연수생59 8천 명(5.8%)으로 전년 대비 20.7% 감소하였다.

또한, 전체 유학생 중 중국 6만 7천 명(44.2%), 베트남 3만 6천 명(23.5%), 몽골 6천 명(4.0%), 일본 4천 명(2.5%), 미국 2천 명(1.5%) 순으로 주로 아시아 국가의 유학생 비율이 높으나 점차 다양화되고 있다. 학위과정 중 베트남인 유학생은 20.8%로 지속적인 증가추세에 있으며, 중국인 유학생은 1.0%로 전년 대비 증가하였다. 비학위과정 즉, 어학연수 외 기타연수생으로 베트남인 유학생의 비율(33.7%)은 여전히 높지만, 전년 대비 43.4% 감소하였다.

아시아권 유학생 비율이 높은 것은 한류 붐으로 한국에 관한 관심이 높고, 접근성이 유리하며, 생활습관 등 유사한 사회문화환경의 영향이라고 볼 수 있으며, 유학생의 감소는 코로나-19의 영향과 국경폐쇄로 인해 입국이 어렵고, 그로 인해 on-line 화상 수업으로 입국이 지연된 경우라고 볼 수 있다.

우리나라의 유학생유치 정책은 2003년 이전에는 한국의 고등교육기관을 알리는 시기였다면, 2004~2008년은 '스터디 코리아 프로젝트'가 시행된 시기로 유학생을 적극적으로 유치하여 2007년에 5만 명을 달성하였다. 2009~2011년은 '정부 초청 장학제도'를 통해 유학생 지원관리, 정부초청장학사업(GKS : Global Korea Scholarship) 등 유학생유치를 위한 전략이라고 볼 수 있다. 2012~2014년은 대학별 인증제를 시행하여 유학생 관리와 고등교육부문의 국제화 관련 평가하기 시작하였다. 이유인즉, 1세대 유학생이 자국으로 귀국한 후 높은 경쟁력을 보이지 못한 것이 이 시기에 유학생유치의 감소에 영향을 미치게 되었다.

2014년 교육부는 '전략적 유학생유치 및 정주 지원방안'을 발표하면서 유치를 위해 국내 대학에 입학을 위한 한국어능력시험(TOPIK) 자격을 낮추고, 취업지원과 제반 규제도 완화하는 등 세부적인 정책을 폈으나 큰 변화를 보이지 않았다.[60] 앞서 유학생의 다수가 아시아인임을 볼 때 유학생 대부분이 한국유학을 선택한 주요인은 '많은 장학금 지원 등 경제적 이유'였다. 정부 유학생유치정책은 고객의 요구분석 없이 추진된 결과이다.

국민의 자녀가 미주지역, 유럽지역으로 유학을 떠나면, 학비와 생활비 등 모두 자비로 충당하는 것을 고려한다면, 유학생유치정책을 퍼주기식 정책이 아니라 질 높은 교육의 관리와 취업으로의 연계를 바탕으로 한 인재양성 정책이어야 한다.

따라서, 유학생유치는 잠재적 인재육성정책 또는 한국 미래의 사회구성원으로서의 기조를 바탕으로 개발되어야 한다. 우선 선발 과정에서 유학생 비자발급을 간소화하고 문과, 이과에 대한 차등 지원과 문과생의 진로취업에 대한 체계적인 교육이 요구된다. 현재 운영 중인 유학생의 정원외 선발원칙은 많은 학생유치에 따른 관리의 사각지대가 발생하고, 언어지원능력의 부족은 유학생의 학습능률도 저하되고 있다. 이를 위해 지방대학의 특성화 대학으로 전환을 유도하고, 생활 관리와 학생들의 학습수준에 적합한 다층화된 교육이 지원돼야 한다.

유학생들의 선호도에 따라 학기 중에는 산업현장과 직접 연계한 기술교육, 직장문화교육 등을 체험할 수 있도록 인턴십, 시간제 취업 및 졸업자 대상 특별연구원제도를 활용한다. 우수한 유학생은 국가 인적자원관리 측면에서 인적자원관리시스템과 정보공유체계를 구축하여 산업별 인적자원의 활용도를 높이도록 하여야 한다. 무엇보다 한국의 산업현장에 적합한 한국어 능력과 직무에 대한 전문성 및 조직적응 등을 겸비할 수 있도록 질 높은 교육을 제공하고 관리하는 체계적인 교육시스템이 요구된다. 더불어 기업 간의 협업을 전제로 하는 것은 더욱 중요하다.

이상으로 대상별 이민정책은 산업육성의 인적자원이란 주제로 외국인근로자, 외국국적동포, 난민, 결혼이민자와 그 자녀 및 유학생 현황과 정책을 논하였다. 한국의 경제는 시시각각 변하고, 전문 또는 비전문 인적자원은 산업별로 부족한 현상으로 나타나고 있다. 물론 AI를 장착한 로봇이 인력을 대체할 수도 있지만 그또한 인간의 손길로 이루어진다는 것은 부정할 수 없다.

현재 국내 체류 중인 외국인근로자, 국내·외 동포, 난민, 결혼이민자와 그 가족, 유학생 등은 한국 사회구성원으로서 국민과 더불어 한국뿐만 아니라 자국 경제와 산업의 우수한 인적자원으로 활용되는 소중한 자원이다.

사회통합을 위한 인적자원의 실천적 정책을 정리하면, 첫째, 이민정보원을 설치하여 정책 수립을 위한 실태조사 등 정확한 정보와 인적네트워크 DB 구축이 마련되어야 한다. 둘째, 숙련 수준별 체류자격을 지원해주는 제도를 개방하되, 국민과 동일한 조건의 세금납부제도(주민세 등)를 활용한다. 셋째, 이들은 오랜 체류를 통해 이미 한국 사회에 적응하고 있으며, 자신의 능력과 계발을 위한 도전을 시도하고 있다는 점을 고려해야 한다.

이와 더불어 국외에 거주하는 국민 즉, 보이지 않는 제3섹터(영토)인 동포를 대상으로 대한민국에 대한 소속감과 자긍심 및 국가 발전이 곧 자신의 발전이란 정책적 지원이 필요하다. 국내에 장·단기 체류자에 관한 정책은 인적자원 측면에서 소모적 인력 활용은 지양하고, 대한민국의 장래 사회구성원으로서 역할과 의무 및 책임을 다할 수 있는 초국가적 인적자원 활용정책으로 개방형·육성형 이민정책을 모색하여야 한다.

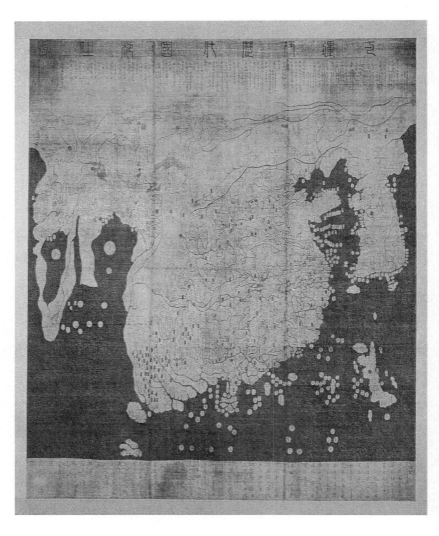

<1402년, 조선에서 제작한 '혼일강리역대국도지도', 가로 168cm×세로 158cm, 비단에 붓으로 그렸다>

　여기 한 장의 지도가 있다. '혼일강리역대국도지도' 줄여서 '강리도'라고 한다. 지금으로부터 620년 전 1402년 조선에서 제작한 세계지도로 전 세계가 감탄하고 경악하는 지도인데 우리에게는 낯설다. 심지어 일부 학자들은 중화주의 표현이니 국뽕이니 하면서 폄훼하는 이도 있다. 620년 전 지도를 현재의 시선에서 바라보는 오류다. 당시로는 상상도 할수 없는 정확도와 아름다움을 뽐내고 있다. 콜럼버스가 대서양을 건너 신대륙 발견하여 유럽의 대항해 시대를 연 1502년보다 4년 먼저인 1488년 포르투칼의 디아스가 아프리카가 남단을 돌아 인도로 가는 항로를 개척한 것이 세계사의 흐름을 바꾸어 놓았는데, 그보다 86년 전 한양에서 제작된 강리도는 이미 아프리카의 형상을 온전히 그려내고 있다.

　이런 위대한 지리 정보를 담아내는 세계지도를 조선의 선각자들은 안방에 걸어 두고 시선을 나라 밖 유럽과 아프리카까지 두고 있었다. 그리고는 점차 그 시선은 국내와 중국으로 한정했고 결국은 바깥세상과 단절하는 쇄국으로 망국의 길로 들어섰다.

　지금 우리의 시선은 어떠한가. 전쟁의 폐허에서 수출과 인재양성으로 10대 경제 대국으로 세계중심에 서고, 전 세계에 750만 명의 디아스포라가 흩어져 살고 있다. 또한, 200만 명의 외국인이 우리와 함께 살고 있고, 연간 약 3천만 명의 국민이 해외여행을 다니고 있음에도 여전히 우리의 시선은 620년 전보다도 더 닫혀 있는 것은 아닌지 반문하고 싶다.

　'인류의 역사는 이민의 역사'다. 이민 즉 사람의 이동은 인간의 본능이다. 먹잇감을 찾아서 이동했고, 기후의 변화에 적응하기 위해 이동했고, 종교 탄압을 피하거나 정치적 자유를 위해 이동했고, 풍요로운 삶과 자식들의 교육을 위해 이동했다. 무리를 지어 이동하면서도 자기 영역의 침범을 목숨 걸고 지키는 동물의 본능과 달리 인류는 선주민과 이주민이 어울려 화합하고 또 새로운 기회의 땅을 찾아 끊임없이 이동하면서 새로운 역사를 만들어왔다.

이러한 개인의 이동에 현대국가는 이민정책으로 화답한다. 이민정책의 핵심은 철저히 국익 우선이다. 국가를 만들거나 운영하기 위해서 이민을 받아들이기도 하고 국경을 봉쇄하기도 한다. 팬데믹이나 전쟁 등 국가적 필요로 잠시 문을 걸어 잠글 수 있어도 이주의 본능을 막을 수는 없다.

절체절명의 인구 대위기를 맞아 작금의 대한민국은 어디로 가야 하는가? 라는 질문을 앞에 두고 전문가 네 사람은 지난 두 달간 치열한 토론을 통해 '한국형 이민정책'을 제시했다. 정답은 없다. 우리가 제시한 대안이 유일한 것은 아니다. 선택 가능한 정책만 있을 뿐이고 선택은 정부와 국민이 택해야 한다. 그러기 위해서는 현실을 정확히 알아야 한다. 그 현실을 알리는데 주안점을 두고 수많은 질문과 답변을 거쳐 핵심을 정리해 보았는데 여전히 부족함을 느끼는 것은 어쩔 수 없다.

윤석열 행정부가 어떤 정책으로 이 문제를 풀어나갈지는 궁금하다. 국가 차원에서 일관된 방향성이 없고, 부처별 산만한 정책 집행은 정부 정책의 실패를 불러오고, 정책의 실패는 정권교체에 그치지 않고 그 피해가 미래 세대에게 그대로 전가된다. 그래서 이민정책은 정부 책임자가 현안을 살펴보고 가장 한국적인 이민·인구정책을 모색해야 한다. 정치권과 언론, 시민단체 그리고 외국인들의 의견도 청취하며 국민이 공감하는 정책을 수립하고 집행해야 한다.

이를 위해 가장 시급하고 당면한 문제는 이민·인구정책을 통할해야 할 대표적인 것이 '전담조직(컨트롤타워)'의 부재와 '사회통합기금설치'

문제를 해결하는 것이다.

 이민정책의 컨트롤타워 부재는 15년 전 이명박 정부 때부터 줄기차게 제기되었고 각 부처와 여러 위원회에 흩어져 있는 업무를 통합하기 위한 범정부 차원의 노력이 있었으나 번번이 부처 이기주의의 벽을 넘지 못했다. 어느 정부나 초기에 정부조직법을 개정하여 일하는 방식과 방향을 정하고 시작한다. 새 정부 출범 초기의 이 기회를 놓치면 부처의 통폐합 같은 문제는 추진력이 떨어진다. 항상 그랬다. 문재인 정부도 출범 초기부터 외국인정책, 다문화정책, 외국인력정책, 동포정책 각 위원회 통합을 위해 국무총리 산하에 T/F를 만들고 통합안을 만들기 위해 노력했다. 그러나 결국은 각 부처의 칸막이와 밥그릇 싸움으로 한 발짝도 나서지 못하고 말았다. 특히 여성가족부가 부처 존립을 위해 부가적인 업무로 다문화가족정책을 들고나오면서 일이 더욱 꼬였고, 고용허가제를 내세운 고용노동부의 입장도 넘사벽이었다.

 이제 이민정책의 통합 컨트롤타워 설치는 각 부처나 국무총리에게 맡길 수가 없다. 대통령이 나서야 한다. 그것도 새 정부 출범 초기 정부조직법 개편 때 정리하지 못하면 또다시 잃어버린 5년이 된다. 본문에서 우리는 이민정책의 컨트롤타워로 국무총리실 산하의 '이민·동포처' 설치를 제시하였다. 이것이 어렵다면 '이민청'이라도 출범시켜야 한다. 이민청을 어느 부처에 두느냐 하는 것은 대통령이 결단하면 된다. 때 늦은 결정이 가장 나쁜 결정이라고 한다. 부디 이번에는 한국의 이민정책으로 인재전쟁에 우위에 설 마지막 기회라는 각오로 임해야 한다.

 정부조직 외에도 또 한 가지 효과적인 이민정책을 위해서는 충분한 예산이 뒷받침되어야 한다. 연간 40조 원의 막대한 저출산 예산을 배정해도 이민정책에 직접 쓸 수 있는 것은 거의 없다. 국민 세금을 이민정책에 직접 사용하는 것은 국민 정서에도 부합하지 않는다. 이 문제를 해결하기 위해 대안으로 가칭 '사회통합기금'을 만들자고 했다. 입국하고 체류하는 외국인과 외국인을 고용하면서 발생하는 수익금과 출입국관리법 위반자들이 내야 하는 범칙금으로 기금을 만들어 이민정책의 예산으로 활동한다면 국민과 이민자 모두가 환영할 것이다.

다시 2500년 전 춘추전국시대 초나라로 돌아가 섭공이 인구감소로 국력이 약해지고 있어 어찌하면 좋을지에 대한 공자의 비책을 들어보자. 공자는 간단히 여섯 글자로 화답한다. 근자열 원자래(近者悅 遠者來; 가까이 있는 사람을 기쁘게 하면 멀리 있는 사람이 찾아온다.)이다. 공자도 이미 우수 인재의 유치가 국력의 근원임을 알고 있었고, 이를 위해서 사람을 귀하게 여길 것을 주문하고 있다. 역사적으로 강대국으로 일어선 나라 가운데 주변국이나 심지어 적국의 인재라도 가리지 않고 유치하고 활용하지 않은 나라가 없다. 로마가 그랬고 몽골이 그랬고 미국이 그렇다. 바다를 막고 해외와 교역을 금지한 명나라가 망하고 혼돈의 시기에 쇄국으로 눈을 가린 조선의 말로는 결국은 이민정책의 실패에서 비롯된 것이다.

인구변화는 정해진 미래이고 우리는 그 미래를 준비해야 한다. 아니 미래는 이미 우리 곁에 와 있는 데 느끼지 못하고 있을 뿐이다. 지도자는 두 가지 역할을 하는 사람이다. 하나는 결정하는 것이고 또 하나는 그 결정에 책임지는 것이다. 대한민국의 이민정책은 대한민국의 미래를 결정하는 문제이다. 이민 개방 강국으로 부활할 것인가 노인의 나라로 서서히 침몰할 것인가.

결단의 시간이다!

|참고문헌|

강원대학교 산학협력단(2019), '인구감소시대에 대응한 자치분권 추진전략연
　구' 연구보고서

고용이민연구센터(2018), '이민자 사회통합정책 집행 전담기관 설립방안' 연구
　보고서

교육부(2021), 2021년 교육기본통계 주요내용, p.24~26

_____(2020) Study Korea 2020 Project 보도자료 p.6~9

_____(2020), 2020년 교육기본통계 주요내용, p.24~26

국민안전 분과위원회(2014), '2014~2018년 국가재정운용계획' 국민안전 분야
　보고서

국회입법조사처(2021), '지방소멸 위기 지역의 현황과 향후 과제' NARS 입법·
　정책 Vol. 85

김병모(1988a), '고대　한국과　서역관계: 아유타국고Ⅱ', 한국학논집, 14,
　p.5－22

김연홍(2021), '이민의 질, 규모, 대상지에 대한 차기 정부의 거버넌스 구 축 ',
　서울행정학회, 토론문, p.295－313

김용운(1987), '한·일민족의 원형: 같은 씨에서 다른꽃이 핀다' 서울:평민사

김용찬(2018), '재외동포정책의 역사적 평가와 과제' 민족연구 72, p.4－28

김희강·류지혜(2015), '다문화시대의 이민정책: 영주권제도의 개선방안연구',
　한국행정학보 49(1), p.223－244

관계부처합동(2020), '제4차 저출산·고령사회기본계획'

경제인문사회연구회(2013), '이민자사회통합기금의 효율적 운용을 위한 법제
　화 방안 연구' 연구보고서 13－17－01

대한민국정부(2020), '제3차 저출산·고령사회기본계획(2020년도 시행계획)'

대한민국정부(2015), '제2차 저출산·고령사회기본계획(2011－2015)'

라휘문(2019), '이민통합기금에 대한 논의' 2019년 한국이민정책학회·한국행
　정연구원 하계공동학술대회 발표논문집, pp.235－250

법무부(2018), '제3차 외국인정책 기본계획'

_____(2013), '제2차 외국인정책 기본계획'

_____(2009), '제1차 외국인정책 기본계획'

_____(2022), '출입국·외국인정책 통계월보' 2022년 1월호

_____(2020), '출입국·외국인정책 통계연보'

_____(2019), '출입국·외국인정책 통계연보'

_____(2016), '출입국·외국인정책 통계연보'

_____(2014), '출입국·외국인정책 통계연보'

_____(2018), '2018 제주 예멘난민 백서'

보건복지부(2018), '대한민국 중장기 인구정책 방향' 연구보고서

설동훈(2010), '이민자 사회통합 관련 기금제도의 국제비교' 민족연구 44,
p.145−160

설동훈·이병하(2012), '덴마크의 이민정책과 추진체계', 한국이민학 3(2),
p.5−23

여성가족부(2018), '제3차 다문화가족정책 기본계획(안)(2018~2022)'

_____(2012), '제2차 다문화가족정책 기본계획(2013~2017)'

여성가족부·관계부처합동(2011), '다문화가족지원정책 기본계획 (2010~
2012) 2011년도 시행계획(안)요약'

우영옥(2021), '출입국관리공무원의 직무별 전문성 제고를 위한 탐색적 연구',
서울행정학회 추계학술대회 발표문, p.107−127

_____(2019), '출입국관리공무원의 직무만족과 조직몰입에 관한 연구−전
문직정체성과 조직특성의 영향을 중심으로−' 박사학위논문

_____(2016), '한국체류 중국동포의 정주인식에 관한 연구−집단 간 차이 분
석을 중심으로−' 석사학위논문

우영옥 외(2021), '전국 도서(섬)지역 외국인근로자(E−9) 근무환경 실태조사'
한국산업인력공단 공동연구보고서

_____ 외(2021), '유럽지역 한인 차세대 입양동포지원정책개발을 위한 실태
조사 II', 재외동포재단 공동연구보고서

_____ 외(2021), '서울시 서남권 외국인주민 실태조사 및 사회통합 방안연
구', 서울시 공동연구보고서

_____ 외(2021), '난민체류정책 해외사례 등 연구', 법무부 난민과 공동연구
보고서

_____ 외(2020), '외국인지원시설 종사자 직무만족도 조사', 서울시 공동연구
보고서

_____ 외(2020), '외국인지원시설 재구조화 타당성 조사', 서울시 공동연구보
고서

_____ 외(2020), '외국인근로자(E-9) 교육 훈련 실태조사 및 개선방안', 한
국산업인력공단 공동연구보고서

우영옥·임정빈(2020), '출입국관리직공무원의 조직특성과 전문직 정체성이
직무만족에 미치는 영향요인 분석', 한국인사행정학회, 19(2), p.237-259

임형백(2010), '한국인의 정체성의 다문화적 요소:역사-인류학적 해석', 문화
와 평화, 4(2), p.10-43

중앙대학교 산학협력단(2019), '혁신적 포용국가의 전망과 과제: 동아시아 복
지국가의 새로운 지향' 보고서

전주상(2012), '외국인정책의 재원조달체계개선에 관한 연구 기금 도입 방안
을 중심으로', 한국사회와 행정연구 23(1), p.207-231

차용호(2017), '외국인 입국정책과 고용정책의 몇 가지 문제에 관한 소고-비
자의 정책조정수단과 새로운 거버넌스 적용 모색-', 이민과 통합(창간호),
p.159-197

_____(2009), '이민정책과 통합정책의 관계성 및 연계방안 연구: 결혼이민자
통합정책을 중심으로', 다문화와 평화, 3(1), p.165-200

차용호·우영옥(2021), '한국 이민정책의 문제점과 개선과제-국내적 정책과
정과 국내·국제 연계정치 반영' 다문화와 평화, 15(2), p.1-39

한국노동연구원(2018), '한국사회의 이민과 통합 연구', 연구보고서 2018-18

한국역사연구회 고대사분과(1994), '한국고대사 산택' 서울:역사비평사

한국지방자치학회(2018), '외국인의 지방선거 참여에 관한 분석과 선거권 기
준의 타당성에 대한 연구', 2018년 중앙선거관리위원회 연구용역보고서

행정안전부(2020), '지방자치단체 외국인 주민 현황' 설명자료

[법령]
「국가재정법」
「국적법」

「난민법」

「다문화가족지원법」

「외국인근로자의 고용 등에 관한 법률」

「정부조직법」

「재외동포의 출입국과 법적 지위에 관한 법률」

「재한외국인 처우 기본법」

「출입국관리법」

[보도자료]

CBS노컷뉴스(2022.02.24.), '인사혁신처, 해외 우수 한인 인재 국가 인재로 영입'

EKW동포세계신문(2020.12.11.일자), '동포정책, 방문취업(H−2), 이젠 재외동포(F−4)FH 일원화할 때…'

KBS 시사기획 창 : '1장 위기의 전조, 2장 쏠림과 빨림, 3장 공생과 공멸 사이', 홈페이지(https://bit.ly/39AXCbF)

SBS NEWS(모닝와이드)(2021.03.25.), '한국 살며 혜택 챙기고, 세금 내라 하니, 저 시민권자'

경향신문(2020.12.23.), '국가가 묵인한 비닐하우스 기숙사에서'

경향신문(2020.01.18.), '그들과의 낯선 동거, 결국 우리의 삶이었다'

뉴스1(2021.03.02.), '불법체류자 40만여 명 추정'

뉴시스(2021.08.17.), '아프가니스탄 난민보호대책'

동아일보(2021.08.26.), '아프간인, 난민지위인정가능 예멘 때와 달라'

동포세계신문(2021.11.02.), '외국인이 낸 돈으로 외국인 지원하자, 이민통합기금 필요성 대두'

라이브엔(2017.04.19.일자), '글로벌 아빠 찾아 삼만리' 네팔에서 온 형제−아빠의 특별한 수업, EBS 방송

서울경제(2019.04.08.), '부처간 이견에 외국인 사회통합기금 하세월, 기금 총괄 기재부 반대로 법사위 1소위 상정후 표류'

세계일보(2021.04.08.), '도포에 갓 쓴 미국 시장, 한복은 한국문화'

세계일보(2021.04.02.). '국제결혼 맞선부터 예식까지 평균 5.7일'

연합뉴스(2021.05.18.), '외국인 3년 연속 살기 좋은 나라 1위 대만…이유는?

연합뉴스(2021.04.26.), "국내 중국인 유학생들 양국 소통 매개체 역할 할 것"

연합뉴스(2021.04.17.), '부모가 불법체류자라 하더라도 아기까지 피해보면 안 된다'

연합뉴스(2021.03.03.), '검찰, 김학의 사건'

연합뉴스(2021.02.02.), '이주민정책 총괄 컨트롤 타워 만들어야' 인터뷰

연합뉴스(2020.12.25.), '이주노동자 숙소 30%가 비닐하우스나 컨테이너'

오마이뉴스(2021.04.21.), '고향으로 돌아가는 이주노동자가 출국 하루 전 남긴 말'

이코노미뉴스(2014.08.14.). '외국인 사회통합기금 수익자 부담 원칙찬성 별도의 기구에서 기금을 관리해야'

중앙일보(2019.02.26), '난민문제, 인도주의 넘어야 예멘 난민과 저출산 문제'

통계청 · 법무부(2021), 2021년 이민자체류실태 및 고용조사 결과[고용, 교육, 주거 및 생활환경, 소득과 소비, 자녀교육, 체류사항, 방문취업, 재외동포]

한겨레(2021.10.18.), '마을 사라지는 속도 빨라져, 군위, 의성, 고흥 순 최악'

헤럴드경제(2021.06.14.), '국적법 개정 유감'

|미주|

1   근자열원자래(近者悅遠者來) : 가까운 사람을 기쁘게 하면 멀리 있는 사람까지 찾아오게 한다는 의미(중국 춘추전국시대 초나라 제후 섭공의 질의에 답한 공자의 글). 이민·인구정책관점에서 "한 지역의 국민, 이민자를 행복하게 하면, 먼 곳으로부터 그 지역으로 사람들이 많이 찾아온다."를 의미함.

2   임형백(2010), '한국인의 정체성의 다문화적 요소:역사—인류학적 해석'을 토대로 작성하였다.

3   신라의 6부는 유리왕 9년에 양촌을 육부로 바꾸면서 경주의 여섯 행정구역임. 양부(성씨는 이씨), 사량부(성씨는 최씨), 모량부(점량부의 다른 이름으로 성씨는 손씨), 본피부(성씨는 정씨), 습비부(성씨는 설씨), 한지부(성씨는 배씨)임.

4   형사취수(兄死娶嫂) 또는 취수혼(娶嫂婚)이란 형이 죽으면 생활능력이 없게 되므로 혈족이 부양해준다는 의미와 함께 재산을 형수가 물려받고 재산이 유출되는 것을 막기 위하여 동생이 형수와 혼인하는 제도이다.

5   대한민국정부(2020), '제4차 저출산·고령사회 기본계획(관계부처 합동), p.8

6   위 자료 p.10

7   강원대 산단(2019), 인구감소시대에 대응한 자치분권 추진전략 연구, p.11

8   관계부처합동(2020), '제4차 저출산·고령사회 기본계획', p.12—15

9   노동지향 보수주의(pro—work conservative)란 '여성의 경제활동은 인정하나 출산과 자녀 양육 및 돌봄은 여성의 몫이라는 경향'을 말한다(인구학회, 2020).

10 관계부처합동(2020), '제4차 저출산·고령사회 기본계획', p.15—16

11 위 자료 p.18—19

12 법무부 출입국·외국인정책본부 통계연보(2020), p.40—51

13 생산가능인구 : 생산활동이 가능한 15~64세에 해당하는 인구를 의미하며, 경제활동을 하는 인구인 '경제활동인구'와 경제활동을 하지 않으나 생산활동이 가능한 인구인 '비경제활동인구'로 나뉜다.

14 위 자료 p.61—62

15 229개 : 226개 기초자치단체와 세종 1개, 제주 2개 지역(제주시, 서귀포시)

16 국회입법조사처(2021), '지방소멸 위기지역의 현황과 향후 과제 p.24

17 이상호, 「한국의 지방소멸에 관한 7가지 분석」, 『지역고용동향브리프』, 2016.

18 영주권 전치주의 : 일반귀화허가에 부분 도입. (2018.12.20. 시행) 1. 개념 : 귀화 요건만 갖추면 체류 자격과 상관없이 귀화 허가 신청이 가능했던 것을 반드시 영

주자격(F−5)을 가진 경우에만 일반 귀화 허가 신청이 가능(국적법 제5조). 2. 개정 이유 : ① 일반귀화허가 대상이 되지 않는 단기체류자 및 귀화 의도가 없는 사람이 일반귀화허가 신청을 통해 방문동거(F−1) 자격을 얻어 심사가 종결될 때까지 한국 체류가 가능하다는 점을 악용하는 사례, ② 국적취득 경우보다, 영주자격 취득의 경우가 다양한 혜택을 국가로부터 제공받는 경우가 실무상으로 어려움이 많아 형성성 논란이 커진 점 3. 개선 점 : ① 귀화 또는, 국적회복 자는 법무부장관 앞에서 국민선서를 한 후 국적증서를 수여받도록 함(대한민국 국민으로서의 소속감과 자긍심을 높이기 위한 제도임). ② 귀화허가 요건 즉, '품행이 단정할 것'에 대한 구체적인 내용을 국적법 시행령에 근거를 마련함(예측 가능하고 일관성 있는 행정이 가능해짐). ③ 귀화허가 요건 추가 즉, 귀화를 허가하는 것이 국가 안전보장과 질서유지 그리고, 공공복리에 손상을 입히지 아니한다고 법무부 장관이 인정할 것(국적회복 허가의 경우와의 형평성 고려). ④ 국적 업무수행을 위해 범죄경력, 병역이행 관련, 세금체납 등의 정보에 대해 관계기관 또는 단체에 요청할 수 있는 권한 신설(협조의무 규정 포함)

19 kbs news(2020.10.17.일자) '존엄한 노후' 어떻게? www.news.kbs.co.kr

20 청년의사 뉴스레터(2018.09.06.일자) www.docdocdoc.co.kr

21 시니어 매일(2020.08.11.일자).www.seniormaeil.com

22 외교부 재외공관 설치 현황 : 상주대사관 116곳, 총영사관 46곳, 대표부 5곳 등 총 167곳이며, 지역별로는 아주(47), 미주(35), 유럽(48), 중동(19), 아프리카(18)이다.

23 2015년 9월 중국 광저우, 칭다오에 대한민국 비자신청 센터를 설치 운영한 것을 시작으로 총 7개국 12개 지역 즉, 중국(칭다오, 광저우, 상하이 청두, 우한 등 5곳), 베트남(하노이, 호치민 등 2곳), 인도네시아(자카르타 1곳), 몽골(울란바토르 1곳), 독일(베를린 1곳), 프랑스(파리 1곳), 영국(런던 1곳) 등이다.

24 출입국관리법 제11조(입국의 금지 등) 제3호, 제4호

25 한국지방자치학회(2018), '외국인의 지방선거 참여에 관한 분석과 선거권 기준의 타당성에 대한 연구', 2018년 중앙선거관리위원회 연구용역보고서를 토대로 작성하였다.

26 님비현상 : 지역 이기주의를 의미하며, 산업폐기물, 쓰레기 등 처리시설이 공익을 위해서는 필요하다는 것은 알지만 자신이 속한 지역에는 이런 시설이 들어서는 것을 반대하는 현상이다. (국어사전)

27 '제주도 불법 난민신청 문제에 따른 난민법, 무사증 입국, 난민신청허가 폐지'/개헌 청원합니다. 대한민국 청와대 국민청원 참여 인원수이며, 답변이 완료됨.

28 결혼이민자 연도별 증감: 2001년(25,182명), 2002년(34,710명), 2003년(44,416명), 2004년(57,069명), 2005년(75,011명), 2006년(93,786명), 2007년(110,362명), 2008년(121,168명) 등 2001년보다 4배 이상 증가함.

29 미디어 오늘(2020.08.15.일자) '시커먼스'와 '관짝소년단', 인권 감수성 30년째 그 대로

30 데일리안(2021.03.14.일자) '미나리'가 쏘아올린 인종차별... 우리는 투명할까

31 빅뉴스코리아(2021.07.12.일자) 말과 삶 사이_내 안의 타자성을 찾아서 <완득이>에서 <미나리>까지

32 라이브엔(2017.04.19.일자), '글로벌 아빠 찾아 삼만리' 네팔에서 온 형제ㅡ아빠의 특별한 수업, 2015년 9월 2일~ 2019년 8월 12까지 방영한 EBS 시사교양프로그램

33 에스놀로그(2019), 천만 명의 모국어 사용자가 있는 언어 / 국립국어원(2014) 보도자료 : 한국어 사용자 순위 상향

34 행정안전부(2020), '지방자치단체 외국인주민 현황 설명자료, p.71-74

35 다문화가족이란 「재한외국인 처우 기본법」, 「다문화가족 지원법」 정의규정에 의하여, '대한민국 국민과 혼인한 적이 있거나 혼인관계에 있는 재한외국인인 "결혼이민자"와 대한민국 "국민"이 혼인 등으로 결합한 가족 또는 귀화허가를 받은 자가 포함된 가족을 의미한다.

36 두산백과(2022.03.03. 발췌). 서복(徐福)은 중국 진나라 때 불로초를 찾아 제주도에 온 것으로 전해지는 설화 속 인물임. 서복이 불로초를 찾아 정방폭포 해안에 닻을 내리고 영주산(한라산)을 올라 불로초를 찾아 서쪽으로 돌아갔다고 하는 서불과지(徐市過之: 서불 즉, 서복이 이곳을 지나가다) 란 글귀를 정방폭포 암벽에 새겨 이로부터 서귀포(西歸浦)라는 명칭이 유래되었다는 설이 있다. 이러한 설화를 관광자원으로 개발하여 제주도 서귀포에는 서복전시관에는 '불로불사의 꿈', '서복의 여정', '진시황제의 청동마차와 병마용갱(兵馬俑坑)' 등의 복제품이 전시되어 있다.

37 바우처에 대한 홍보와 더불어 이민자는 언어적, 문화적 장벽이 있으므로 바우처를 사용하게 되는 과정에서 도우미가 지원되는 것이 바우처 도입에 훨씬 도움이 될 것이다. 바우처는 필수적으로 전산화가 수반되므로 이민자의 연령대를 고려하여 서비스제공에 다양한 방법을 활용하여야 한다. 이민자 지원센터는 전국에 1~2개 정도이므로 바우처 운영에는 서비스제공자 간의 영향은 적다. 바우처 활용을 통해 이용현황과 사용패턴 및 적응능력의 향상 등 실시간 모니터링이 가능하므로 서비스제공이 투명한 게 장점이다(정광호, 2009: 250).

38 광역시도 16개와 시군구 256개가 각급의 지방자치단체에서 외국인복지센터(56개)운영, 여성가족부에서 다문화가족지원센터(228개), 법무부에서 동포체류지원센터(11개), 고용노동부에서 외국인노동자지원센터(44개), 법무부에서 사회통합프로그램 운영기관(340개), 조기적응프로그램 운영기관(289개), 그 외 다부처 연계사업으로 운영되는 다문화이주민⁺센터 8개 등이다.

39 기관은 평가를 대체로 '만족도 조사'로 시행하며, 여기서 논하는 평가체제에는 해당되지 않는다.

40 국가재정법 제1조 : 국가의 예산·기금·결산·성과관리 및 국가채무 등 재정에 관한 사항을 정함으로써 효율적이고 성과 지향적이며 투명한 재정 운용과 건전재정의 기틀을 확립하는 것을 목적으로 한다.

41 일반회계는 「국가재정법」 제4조 제2항에 의하면 '조세수입 등을 주요 세입으로 하여 국가의 일반적인 세출에 충당하기 위하여 설치한다.'

42 특별회계는 「국가재정법」 제4조 제3항에 의하면 '국가의 특정 사업을 운영하고자 할 때, 특정한 자금을 보유하여 운용하고자 할 때, 특정한 세입으로 특정한 세출에 충당함으로써 일반회계와 구분하여 회계 처리할 필요가 있을 때 법률로써 설치한다.'

43 국가균형발전 특별법, 정부기업예산법, 교도작업의 운영 및 특별회계에 관한 법률, 농어촌구조개선특별회계법, 등기특별회계법, 아시아문화중심도시 조성에 관한 특별법, 신행정수도 후속대책을 위한 연기·공주지역 행정중심복합도시 건설을 위한 특별법, 에너지및자원사업특별회계법, 우체국보험특별회계법, 주한미군기지 이전에 따른 평택시 등의 지원 등에 관한 특별법, 책임운영기관의 설치·운영에 관한 법률, 환경정책기본법, 국방·군사시설이전특별회계법, 혁신도시 조성 및 발전에 관한 특별법, 교통시설특별회계법, 유아교육지원특별회계법, 부품·소재·장비산업 경쟁력 강화를 위한 특별조치법 등 규정된 법률에 의하지 아니하고는 특별회계를 설치할 수 없다(국가재정법 제4조 제3항의 별표1).

44 「국가재정법」 제5조 제1항에 의하면 '기금은 국가가 특정한 목적을 위하여 특정한 자금을 신축적으로 운용할 필요가 있을 때 한정하여 법률로써 설치하되, 정부의 출연금 또는 법률에 따른 민간부담금을 재원으로 하는 기금은 68개의 기금설치 근거에 규정된 법률에 의하지 아니하고는 이를 설치할 수 없다.'

45 고용보험법, 공공자금관리기금법, 공무원연금법, 공적자금상환기금법, 과학기술기본법, 관광진흥개발기금법, 국민건강증진법, 국민연금법, 국민체육진흥법, 군인복지기금법, 군인연금법, 근로복지기본법, 금강수계 물관리 및 주민지원 등에 관한 법률, 기술보증기금법, 낙동강수계 물관리 및 주민지원 등에 관한 법률, 남북협력기금법, 농림수산업자 신용보증법, 농수산물유통 및 가격안정에 관한 법률, 농어가 목돈마련저축에 관한 법률, 농어업재해보험법, 대외경제협력기금법, 문화예술진흥법, 방송통신발적 기본법, 보훈기금법, 복권 및 복권기금법, 사립학교교직원 연금법, 사회기반시설에 대한 민간투자법, 산업재해보상보험법, 무역보험법, 신문 등의 진흥에 관한 법률, 신용보증기금법, 농업·농촌 공익기능 증진 직접지불제도 운영에 관한 법률, 양곡관리법, 수산업·어업 발전 기본법, 양성평등기본법, 영산강·섬진강수계 물관리 및 주민지원 등에 관한 법률, 예금자보호법(예금보험기금채권상환기금에 한한다), 산업기술혁신촉진법, 외국환거래법, 원자력 진흥법, 응급의료에 관한 법률, 임금채권보장법, 자유무역협적 체결에 따른 농어업

인 등의 지원에 관한 특별법, 장애인고용촉진 및 직업재활법, 전기사업법, 정보통신산업 진흥법, 주택도시기금법, 중소기업진흥에 관한 법률, 지역신문발전지원 특별법, 청소년기본법, 축산법, 한강수계 상수원수질개선 및 주민지원 등에 관한 법률, 한국국제교류재단법, 한국농어촌공사 및 농지관리기금법, 한국사학진흥재단법, 한국주택금융공사법, 영화 및 비디오물의 진흥에 관한 법률, 독립유공자예우에 관한 법률, 방사성폐기물 관리법, 문화재보호기금법, 석면피해구제법, 범죄피해자보호기금법, 국유재산법, 소상공인 보호 및 지원에 관한 법률, 공탁법, 자동차손해배상 보장법, 국제질병퇴치기금법, 기후위기 대응을 위한 탄소중립·녹색성장 기본법 등이 제5조제1항의 별표2의 내용이다.

46 열린재정(www.openfiscaldata.go.kr) 기금이해 발췌(검색일 : 2022.03.20.)

47 「재한외국인 처우 기본법」 제1조(목적) '재한외국인이 대한민국 사회에 적응하여 개인의 능력을 충분히 발휘할 수 있도록 하고, 대한민국 국민과 재한외국인이 서로를 이해하고 존중하는 사회환경을 만들어 대한민국의 발전과 사회통합에 이바지함이다.'

48 「국가재정법」 제14조 제2항 제1호~제4호 ① 목적성(부담금 등 기금의 재원이 목적사업과 긴밀하게 연계되어 있을 것), ② 신축성(사업의 특성으로 인하여 신축적인 사업추진이 필요할 것), ③ 안정성(중·장기적으로 안정적인 재원조달과 사업추진이 가능할 것), ④ 효과성(새로운 기금으로 사업을 수행하는 것이 더 효과적일 것)

49 「외국인근로자의 고용 등에 관한 법률」의 약칭은 '외국인고용법'으로 되어 있다. 외국인 근로자는 외국인 중 하나의 대상 범위에 해당하는 용어이므로 서로 다르다. 그러므로 '외국인근로자고용법'이라고 해야 정확한 약칭이라고 할 수 있다(차용호, 2015;991).

50 고용정책기본법, 제1조, 제31조 참조

51 지역 내 총생산(GRDP: Gross Regional Domestic Product)은 일정 기간에 특정 지역에서 생산한 최종 생산물의 시장 가치의 합을 의미한다.

52 외국인정책은 국내 체류 외국인 대상 정책을 의미하며, 이민정책은 외국인정책을 포함하여 국내·외 동포, 결혼이민자 등을 포괄하는 종합적인 의미이다. 본 내용에서는 외국인정책을 포괄하는 이민정책으로 통일하여 사용한다.

53 고용허가제 16개국 : 베트남, 필리핀, 스리랑카, 몽골, 태국, 인도네시아, 우즈베키스탄, 파키스탄, 캄보디아, 중국, 방글라데시, 네팔, 키르키스스탄, 미얀마, 동티모르, 라오스 등이다.

54 난민보호율＝난민인정건수＋인도적체류허가건수×100/심사완료건수

55 난민인정률＝인정자×100/심사종료자(인정＋인도적체류＋불인정＋이의신청자 진철회), 난민인정률의 경우 이의신청 제기 여부에 따라 변동 가능성이 있다.

56 「재한외국인 처우 기본법」 제14조의2(특별기여자의 처우) ① 대한민국에 특별히

기여하였거나 공익의 증진에 이바지하였다고 인정되어 대한민국에 거주하고 있는 외국인 및 그 동반가족으로서 국내 정착을 지원할 필요가 있다고 법무부장관이 인정하는 사람(이하 "특별기여자등"이라고 한다)의 처우에 관하여는 제14조, 「난민법」제31조부터 제36조까지 및 제38조의 규정을 준용한다. ② 국가 및 지방자치단체는 특별기여자등에게 다음 각호의 지원을 할 수 있다. 1. 초기 생활 정착자금 및 필요한 기타 생활 지원 2. 고용 정보의 제공, 취업 알선 등 취업에 필요한 지원

57 한국은 현재 불법체류자의 미등록 아동·청소년에 관한 보충적 출생주의 또는 보편적 출생주의에 대한 논란 속에 있다. 미국의 앵커 베이비(anchor baby)는 불법체류자가 미국 내에서 낳은 아이가 시민권 즉, 이중국적을 얻는 것을 의미하며, 부모가 아이를 이용해서 정착하려는 것을 비유하는 의미로 사용된다.

58 플렉스타임제(flextime)는 주일 안에 규정된 노동 시간을 채운다면 출·퇴근 시간을 직원이 스스로 운영할 수 있도록 하는 자유근무시간제이다.

59 비학위과정 기타연수생은 교육과정공동운영생, 교환연수생, 방문연수생, 기타연수생이 포함된다.

60 교육부(2020) Study Korea 2020 Project 보도자료 p.6－9

집필진 약력

석동현(石東炫)

법무법인 동진 대표변호사이며, 사회복지공동모금회 아너소사이어티 회원으로 활동 중이다. 1983년 사법시험(제25회)에 합격 후 부산지검검사. 법무부 출입국외국인정책본부장, 부산지검장, 서울동부지검장을 역임하였으며, (사)동포교육지원단 이사장, 한국이민법학회 회장을 지냈고, 변호사들 단체인 한변의 공동대표로 활동해오고 있다. 저서로는 "국적법연구", "국적법"(법문사), "最新 大韓民國 國籍法(일본가제출판사)", "희망이 되어 주는 사람 석동현", "그래도 윤석열"(글마당)" 등 이며, 주요 논문으로는 "국적의 개념과 그 득상에 관한 고찰(1996)", "국적법의 헌법적 문제점 연구 (1999)", "이중국적에 관한 미국의 법제 및 정책과 미국 대법원판례의 동향(1999)", "이중국적에 관한 각국의 입법동향과 한국의 대응모색(2004)", "1997년 유럽국적조약 해설(2004)" 등 다수가 있다.
  e-mail : dhseok0710@gmail.com

김도균(金度均)

행정사법인 한국이민 대표 행정사이며, 제주한라대학교 특임교수 겸 이민정책연구원장이다. 국민의 당에서 21대 국회의원선거 비례대표 후보와 20대 대통령선거 재외동포 조직본부장으로 활동했다. 주중국대한민국대사관 1등 서기관 겸 영사, 주칭다오총영사관 영사를 역임했고, 국가인권위원회 인권조사관과 제주도청 출입국협력관으로 근무했다. 법무부에서는 이민정보과장, 출입국심사과장, 제주 출입국·외국인청장을 맡았고, 제주근무 시 예멘 난민 심사를 지휘했다. (재)한국이민재단 고문과 한중동포신문 논설위원으로 이민·동포정책 전도사로 활동 중이다.
  e-mail : nicekimpro@daum.net

김원숙(金垣淑)

이민역사교실 대표, 세종로국정포럼 이민정책위원장으로 활동 중이다. 법무부 출입국외국인정책본부 주요 공항·항만(제주·여수·광주) 출입국관리소장, 주인도대사관 영사, 이민정책연구원 부원장을 역임하였으며, 국가인권위원회 조사관. 국무조정실 제주국제자유도시 추진기획단 등 이민과 통합 및 행정 지원 등 활동했다. 저서로는 "출입국관리정책론(2008)", "The history of immigration policy in Korea(2012)", "우리나라 이민정책의 역사적 전개에 관한 고찰 (2012)", "대한민국 출입국심사 60년사(2015, 편집)", "100년 대한민국의 파트너, 외국인(2019, 편집)", "여수이민행정50년사(2013, 편집)" 등 다수가 있다.
  e-mail : kwspeace@naver.com

우영옥(禹寧玉)

성결대 행정학과(이민정책) 객원교수, 한성대 이민·다문화트랙 강사로서 국제이주와 노동정책, 이민다문화가족복지론, 이민다문화현장실습 등을 강의하며, 이주사회통합정책연구소에 재직 중이다. 법무부 대구 출입국·외국인사무소 사회통합위원으로 활동했으며, 한국이민정책학회 학술정보위원 한국정책과학회 운영위원을 역임했다. 주요 논문은 "한국 체류 중국동포의 정주 인식에 관한 연구－집단 간 차이 분석을 중심으로(2016)", "An empirical study on the settlement policy : With special reference to the settlement awareness of Korean Chinese(2018)", "출입국관리직공무원의 직무 만족과 조직몰입에 관한 연구－전문직 정체성과 조직특성의 영향을 중심으로(2019)", "외국인지원 시설 재구조화 타당성 조사(2020, 공저)", "전국 도서(섬)지역 외국인근로자(E－9) 근무환경 실태조사(2021, 공저)", "난민 체류 정책 해외사례 등 연구(2021, 공저)" 등 다수이며, 이민정책, 조직설계, 인적자원관리 분야를 연구하고 있다.
  e-mail : wyok7275@daum.net

저출산 초고령사회 한국이민정책론

초판발행   2022년 4월 22일
중판발행   2023년 4월 15일

지은이   석동현 · 김도균 · 김원숙 · 우영옥
펴낸이   안종만 · 안상준

편 집   양수정
기획/마케팅   장규식
표지디자인   BENSTORY
제 작   고철민 · 조영환

펴낸곳   (주) 박영사
               서울특별시 금천구 가산디지털2로 53, 210호(가산동, 한라시그마밸리)
               등록 1959. 3. 11. 제300-1959-1호(倫)
전 화   02)733-6771
f a x   02)736-4818
e-mail   pys@pybook.co.kr
homepage   www.pybook.co.kr
ISBN   979-11-303-1551-5   93330

정 가   17,000원